O QUE A
GUERRA DA
UCRÂNIA TEM
A NOS ENSINAR

O que a Guerra da Ucrânia tem a nos ensinar
Maurizio Lazzarato

© Maurizio Lazzarato
© n-1 edições, 2023
ISBN 978-65-81097-42-4

Embora adote a maioria dos usos editoriais do âmbito brasileiro, a n-1 edições não segue necessariamente as convenções das instituições normativas, pois considera a edição um trabalho de criação que deve interagir com a pluralidade de linguagens e a especificidade de cada obra publicada.

COORDENAÇÃO EDITORIAL Peter Pál Pelbart e Ricardo Muniz Fernandes
DIREÇÃO DE ARTE Ricardo Muniz Fernandes
TRADUÇÃO© Felipe Shimabukuro
PREPARAÇÃO Fernanda Mello
ASSISTÊNCIA EDITORIAL Inês Mendonça
REVISÃO Gabriel Rath Kolyniak
GESTÃO EDITORIAL Gabriel de Godoy
EDIÇÃO EM LaTeX Paulo Henrique Pompermaier e Guilherme Araújo
CAPA Leonardo Araujo Beserra

A reprodução parcial deste livro sem fins lucrativos, para uso privado ou coletivo, em qualquer meio impresso ou eletrônico, está autorizada, desde que citada a fonte. Se for necessária a reprodução na íntegra, solicita-se entrar em contato com os editores.

1ª edição | Junho, 2023
n-1edicoes.org

O QUE A GUERRA DA UCRÂNIA TEM A NOS ENSINAR

Maurizio Lazzarato

tradução **Felipe Shimabukuro**

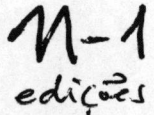

Introdução	7
A guerra na Ucrânia	15
Guerra, capitalismo, ecologia	33
De que modo o capitalismo foi pacificado	45
Michel Foucault: acerca de uma reviravolta sobre a guerra civil	67
Globalização: máquina de guerra, Império ou imperialismo?	93

Introdução

A guerra na Ucrânia evidenciou todos os limites políticos do que sobrou dos movimentos e teorias críticas. Ambos expulsaram a guerra (e as guerras) do debate político e teórico, produzindo uma pacificação do Capitalismo e do Estado. A produção, o trabalho, as relações de poder (do homem sobre a mulher, do branco sobre o racializado, do patrão sobre o trabalhador) são discutidos, teorizados, mas dentro de um quadro em que a guerra de conquista e de sujeição, a guerra civil e a guerra entre Estados parecem fazer parte do século xx. As revoluções e os revolucionários também aparecem confinados num passado que os torna inúteis e nos impede de utilizar seu saber estratégico sobre o imperialismo e as guerras.

O resultado de cinquenta anos de pacificação é a desorientação diante da eclosão da guerra entre os imperialismos, agitados pela crônica, à mercê da opinião, sem um ponto de vista de classe porque também fizeram as classes desaparecerem nesse meio-tempo, confundindo a derrota da classe operária histórica com o fim da luta de classes. Ao invés disso, a luta de classes se intensificou, sendo de fato travada mas conduzida com paciência estratégica apenas pelo inimigo de classe.

O problema que temos diante de nós é um longo trabalho para reintegrar as guerras e as lutas de classes como elementos estruturais do capitalismo, tentando reconstruir um ponto de vista parcial sobre elas.

Todas as teorias críticas desenvolveram um novo conceito de produção (desejante, afetiva, cognitiva, biopolítica, neuronal, pulsional), eliminando ao mesmo tempo o fato de que, antes de produzir mercadorias, ela precisa "capturar e dividir" produzindo as classes. A produção, o trabalho, as relações raciais e sexuais de poder pressupõem as guerras de conquista e de sujeição que produzem as mulheres, os operários, os colonizados e os racializados, cidadãos que não existem na natureza. A guerra civil de apropriação dos corpos deve afirmar ao mesmo tempo a divisão entre proprietários e não proprietários, entre quem manda e quem obedece.

A "paz" obtida daí é a paz que os vencedores impõem aos vencidos, sendo a continuação da guerra de sujeição por outros meios (a economia, a política, a heterossexualidade, o racismo, o direito, a cidadania). O único efeito da acumulação do Capital será agravar os dualismos que a fundam, criando diferenças sempre mais acentuadas de renda, patrimônio e poder dentro das classes de todos os países, e desigualdades crescentes de poder militar, político e de potência econômica entre Estados que levarão à guerra entre imperialismos, que é, por sua vez, a continuação da "paz" da política, da economia e da biopolítica por outros meios. A *guerra não é a interrupção das lutas de classe, mas seu prosseguimento sob outras formas.*

Trata-se, em poucas palavras, do ciclo econômico-político do neoliberalismo que começa com a guerra e termina com a guerra, ciclo do qual trataremos nos capítulos 3 e 4 junto com a formação das classes, que é o grande impasse das teorias críticas contemporâneas por apagar a palavra de ordem de Marx, "expropriar os expropriadores", condição de toda mudança radical. Elas pensam que é possível impor o "comum", as formas de vida, as vidas liberadas, a produção de subjetividade e as políticas do desejo, sem passar pela derrubada das expropriações originárias.

O 5º capítulo aborda a relação entre acumulação no mercado mundial, estado e guerra imperialista, cujo conflito na Ucrânia é uma ilustração perfeita.

Lenin nos dá uma boa indicação de método sobre como ler a guerra em curso, desarmando o discurso do agressor e do agredido repetido de modo obsessivo: "O filisteu não entende que a guerra é 'a continuação da política', limitando-se a dizer, portanto, 'o inimigo está atacando', 'o inimigo está invadindo meu país', sem se perguntar por *que motivo* se combate a guerra, com *quais classes*, por *que fim político* [...] E, como para avaliar a guerra se recorreu a frases absurdas sobre a agressão e a defesa em geral, então se recorre aos mesmos lugares comuns dos filisteus para avaliar a paz, esquecendo a situação histórica concreta e a realidade concreta da luta entre as potências imperialistas".

O *motivo* e o *fim* político são certamente a hegemonia do mercado mundial que os Estados Unidos pensavam poder dominar facilmente depois da queda do muro de Berlim. As guerras perdidas para exportar a democracia já eram um sinal de que nem todos queriam viver sob a *"pax* americana". Muito mais preocupante para o Tio Sam é o crescimento do grande Sul (o 1º capítulo é dedicado às suas formidáveis revoluções e à sua transformação em capitalismos, embora irredutíveis ao capitalismo ocidental), e em particular a China e a Rússia, que também não gostam que os americanos comandem o mundo, não se entendendo com que legitimidade a não ser por meio da força.

O Sul lê a guerra na Ucrânia como a ponta de lança do projeto do "século americano" ("os neoconservadores"), do *make America great again* (Trump), do "Fazer com que a América dirija o mundo mais uma vez" (Biden), cujo primeiro objetivo é enfraquecer a Rússia, mas tendo em mira em seguida a China e todo o Sul. Razão pela qual, por motivos diversos, eles se recusaram a seguir o "Ocidente", que é visto por eles como um imperialismo muito mais perigoso do que o imperialismo russo. Eles fazem isso em países que estão saindo, em alguns casos, de séculos de colonização e que veem nos Estados Unidos o principal perigo. Esse não é o sentimento dos governos mas uma consciência geralmente difusa na população, como posso testemunhar no caso da América Latina.

Ao que me parece, o Sul capta melhor do que o Ocidente e a Europa infame o que está em jogo na guerra.

Mas se abandonarmos o ponto de vista das relações internacionais e adotarmos o ponto de vista de classe, os imperialismos do Norte, do Sul e do Leste se assemelham porque todos exploram mulheres, operários, imigrantes e colonizados, reprimem as minorias dentro de seus Estados e se apropriam de recursos humanos e materiais fora deles. Eles são governados por oligarquias mafiosas e não apenas no leste (na Itália não se vota há anos porque as oligarquias financeiras ocuparam o Estado, na França elas se organizaram melhor e conseguiram eleger um presidente da república banqueiro), todos destruíram o pouco de democracia que não era uma concessão do poder, pois foi conquistada à força pelas lutas, como o sufrágio universal. Eliminado o conflito, a democracia desapareceu porque ela não é de modo algum uma criatura do capitalismo. Como sempre, os mais hipócritas são os ocidentais que, para exportar seu modelo, não hesitaram em demoli-lo dentro de seus próprios países, e o resultado que temos é o fascismo, o racismo e o sexismo em casa, conseguindo fazer com que Trump, que já está pronto para se vingar, (ou outra pessoa) chegue à Casa Branca, ao passo que, na França, pátria dos direitos humanos, a extrema direita obteve 42% dos votos na eleição presidencial desse ano.

A Ucrânia não é em nada diferente dos outros Estados do antigo pacto de Varsóvia, Hungria, Polônia, etc.: governo institucional de direita (com componentes fascistas), governo à sombra das oligarquias, políticas neoliberais, repressão da "esquerda", homofobia, sexismo, privatização das terras agrícolas, a riqueza mais importante do país vendida a multinacionais agroalimentares, legislação contra o trabalho. Tudo isso sob o controle e direção da, dos Estados Unidos e da Inglaterra.

Muito atento às lutas de liberação nacional, Lenin dizia que é preciso defender o direito à autodeterminação das nações e minorias nacionais mesmo sendo governadas pela direita, exceto no caso de se tornarem instrumento dos imperialismos.

Mas quais classes estão em jogo? As classes que dirigem os imperialismos operaram uma integração estratégica progressiva do Capital e do Estado. Em vez de pensar o Estado e o Capital como duas entidades separadas, o livro utiliza o conceito de máquina bicéfala Estado-Capital. Eles constituem juntos um dispositivo que produz, "governa", faz guerra, mesmo que com tensões internas, quando a potência soberana e o lucro não coincidem. Eles se integram progressivamente mas jamais se identificam. Para analisar o funcionamento desses imperialismos e de suas classes dirigentes, é preciso voltar (o quinto capítulo será dedicado a isso) à definição do Capital e do Estado e à relação entre ambos, que foi caricaturada pelos discursos sobre a globalização: supremacia do Capital sobre o Estado, transposição das fronteiras, superação do imperialismo, crise da soberania, automatismos da finança.

Apesar de todos terem adotado o capitalismo, a gestão da relação política/economia, Estado/Capital é diferente em cada país. Os objetivos e os meios empregados para atingi-los também não são os mesmos. Estamos lidando, portanto, com uma multiplicidade de centros de poder político-econômico que, com o agravamento das crises e das catástrofes ecológicas, sanitárias e econômicas desencadeadas pelas políticas neoliberais, lutam há um século para se apropriarem de mercados e de recursos materiais e humanos, para impor as próprias regras e a própria moeda. Em suma, ainda temos de lidar com os imperialismos, que estão entrando em choque com armas, com a economia, com a comunicação, com a logística e com a cultura, portanto, com a guerra "total". Mas o conflito de 14-18 já era total, aliás, é ele que constitui ainda a matriz do que está acontecendo (análise desenvolvida no 2º capítulo).

O grande problema dos oprimidos é que o abandono da revolução e da guerra, que estavam, ao contrário, no centro do debate político do século XX, foi acompanhado de uma renúncia ao conceito de classe, questão Capital que não pode ser abordada nesse livro (remeto ao meu livro O *presente intolerável, a urgência da revolução*).

O que podemos dizer é que as classes compreendem não apenas capitalistas e operários, mas também homens e mulheres, brancos e racializados. Esses dualismos que funcionam nos focos das lutas e organizações são distintos e, portanto, os pontos de vista se diferenciam, também sobre a guerra.

Os movimentos feministas estão muito mais interessados nas violências, porém, se as guerras são sem dúvida violentas, os dois conceitos não coincidem. A violência sexual, racial e classista deve ser compreendida e politizada como individualização da guerra de conquista.

O debate que cresce dentro do feminismo sobre as "violências" poderá abrir um discurso sobre a guerra que certas feministas já problematizaram no que diz respeito à guerra de conquista e de sujeição (Wittig, Colette Guillaumin e todo o feminismo materialista, Silvia Federici, Verónica Gago).

No centro da guerra há certamente as pulsões masculinas, porém, se isso é verdadeiro desde a guerra de Troia até a guerra da Ucrânia, sempre se trata, portanto, de uma única e mesma guerra, correndo o risco de perder, assim, a especificidade e a razão das guerras na época dos imperialismos e de sua monstruosa capacidade de destruição.

A teoria e a política ecológica não consideram o laço estreito que une as guerras totais à catástrofe climática e ambiental (no segundo capítulo é abordada a relação de identidade e reversibilidade entre produção e destruição inaugurada pela primeira guerra mundial).

O movimento operário, que tirando os sindicatos praticamente não sobreviveu à derrota histórica sofrida entre os anos 60 e 70, funciona como uma instituição completamente integrada à máquina Estado-Capital.

Essa situação em que a iniciativa está nas mãos do inimigo, em que movimentos políticos estão em plena reconstrução depois do ciclo de lutas de 2011, não podia mais gerar um grande debate sobre a guerra, o pacifismo, o rearmamento e a revolução tal como tinha se desenvolvido inicialmente e durante a primeira guerra mundial. Um ponto de vista de classe significativo parece ter grande dificuldade para emergir.

Ser a favor do fim da guerra não quer dizer ser pacifista: na história dos oprimidos, nada nunca foi conquistado com a paz. A paz não é algo óbvio, ela deve ser questionada. Que paz se quer? aquela que antecedeu a guerra e a causou? A paz dos últimos cinquenta anos de contrarrevolução, que foi um massacre das conquistas obtidas por um século de lutas no norte e a continuação das guerras para exportar a democracia ocidental no Sul (na realidade, guerra de rapina, de apropriação, de extração)? Uma paz que se parecia com aquela que se instalou depois da primeira guerra mundial e que a única coisa que fez foi preparar a segunda?

Os revolucionários tinham uma fórmula que deveria nos fazer refletir em sua simplicidade: "A guerra é a continuação da política de paz e a paz é a continuação das políticas de guerra". Traduzindo: isso significa que querer a paz sem abolir o capitalismo é um absurdo ou uma ingenuidade, porque o capitalismo não elimina a guerra, mas a intensifica como nenhum outro sistema econômico e político o fez, difundindo-a em toda a sociedade.

Na verdade, são os próprios conceitos de guerra e de paz que são problemáticos em sua oposição: depois da primeira guerra mundial, essa separação não tem mais muito sentido porque "o que é novo é o estado intermediário entre guerra e paz". A afirmação "temos a paz quando não tem guerra" só é verdadeira no caso da guerra militar, mas a "passagem à guerra total consiste precisamente no fato de que os setores extramilitares da atividade humana (a economia, a propaganda, as energias psíquicas e morais dos não combatentes) são envolvidos na luta contra o inimigo".

De qualquer modo, "lutar contra os efeitos (a guerra), deixando subsistir as causas (o capitalismo)", era considerado pelos revolucionários como um "trabalho infrutífero", e nós estamos com eles.

O risco de a guerra continuar existe porque nem os russos nem os americanos podem perder. Mas mesmo se eles assinarem a "paz", viveremos dentro do neoliberalismo ainda mais "autoritário", gerido por oligarquias ainda mais predatórias, apoiado pelas forças fascistas, racistas e sexistas que irão preparar a próxima guerra contra a China, tal como demonstra a louca corrida rearmamentista.

Podemos dizer o mesmo da reivindicação pacifista de desarmamento: a indústria bélica e o militarismo são elementos constitutivos do capitalismo. Estado, Capital e militarismo constituem um círculo virtuoso: o militarismo favorece desde sempre o desenvolvimento do Capital e do Estado, e estes últimos financiam, por sua vez, o desenvolvimento do militarismo.

Depois da primeira guerra mundial, a indústria bélica constitui um investimento imprescindível para a acumulação. Ela tem a mesma função de estímulo que os investimentos produtivos (keynesianismo de guerra), absorvendo o aumento da produção de modo que ela não vá para o "consumo". Nesse sentido, a indústria bélica é um regulador do ciclo econômico, mas sobretudo "do ciclo político". A economia de guerra em que entramos aumentará ainda mais a parte de riqueza produzida que irá para o armamento e reduzirá posteriormente o consumo. No sul, não vai mais se tratar apenas de uma contradição do poder aquisitivo, mas de fome, de explosão da dívida para muitos desses países, falta para outros, miséria para todos os oprimidos e enrijecimento de todas as hierarquias (sexuais, raciais, de classe), fechamento de todo espaço político.

Aqui também vale a máxima revolucionária "Lutar contra os efeitos (a indústria bélica e o militarismo), deixando subsistir as causas (o capitalismo)" é errar de alvo.

Durante a eclosão da primeira guerra mundial, o ponto de vista revolucionário "transformar a guerra imperialista em guerra civil revolucionária" era absolutamente minoritário. A maioria do movimento operário tinha aderido às guerras nacionais, votando os créditos de guerra e exaltando a defesa da pátria. Essa é uma ruptura da qual o movimento operário europeu não irá mais se reerguer, apesar da palavra de ordem de politização da guerra, pois é disso que se trata quando se fala de transformá-la, de que ela levará à primeira revolução vitoriosa na história dos oprimidos.

Não se trata de uma repetição que copia esse formidável saber estratégico, mas de usá-lo como postura, como ponto de vista, atualizando-o, reconfigurando-o, repensando seus conteúdos, mesmo porque é o único que temos sobre a guerra. Aqui só posso levantar questões às quais responderemos coletivamente se formos capazes disso: o que quer dizer politizar a guerra hoje?

No século XX, ela era considerada como um terreno privilegiado do conflito de classe para inverter relações de poder, hierarquia e exploração. Não podemos pensar em transformar a guerra como fizeram na Rússia, na China e no Vietnã, mas deveremos dar um novo conteúdo e uma nova vida ao verbo transformar. "Transformar" a guerra ainda me parece uma tarefa política urgente. Para conseguir realizar essa transformação, temos de reconquistar o que perdemos, o princípio estratégico (o 4º capítulo será dedicado a ele) para interpretar a guerra de conquista das classes, o fato de elas serem colocadas para trabalhar e a conclusão inevitável das relações de poder inconciliáveis dentro da guerra imperialista. Não é tanto da potência produtiva do proletariado que temos necessidade, quanto do princípio estratégico capaz de interpretar a luta de classes, a guerra civil e a guerra imperialista, de nomear o inimigo e abatê-lo.

Lenin dizia, talvez sabiamente, "procurar impedir a guerra de todos os modos", mas apenas se conseguirmos "derrubar" os senhores da morte. Se não conseguirmos isso, vamos continuar sendo esmagados pela destruição geral operada pela guerra.

A guerra na Ucrânia

> A catástrofe é o elemento vital e o modo normal de existência do Capital em sua fase final
>
> ROSA LUXEMBURGO, 1913

As palavras de ordem "Não à guerra", "Paz", "Nem Putin nem Biden" parecem fracas demais e impotentes se não encontrarem sua força num *contra* Putin e *contra* Biden. A oposição à guerra deve se apoiar numa luta encarniçada contra as diferentes formas de capitalismo e d e soberania que lutam entre si, implicadas que estão na organização da dominação, da exploração e da guerra. O apelo dos Socialistas internacionais da conferência de Zimmerwald, em 1915, nos lembra uma verdade muito simples, embora ativamente esquecida. A guerra "advém da vontade das classes capitalistas de cada nação de explorar o trabalho humano e as riquezas naturais do Universo" – de modo que o inimigo principal está, ou está *também*, em nosso próprio país.

Fomos pegos de surpresa e ficamos desorientados, como se esta guerra fosse uma novidade que teria eclodido feito um raio num céu sereno da paz. Contudo, desde que o Departamento de Estado anunciou o fim da História (1989), a paz e a prosperidades sob o beneplácito do Tio Sam, o Pentágono e o exército americano engajaram uma sequência impressionante de missões humanitárias pela fraternidade entre os povos:

- Panamá 1989
- Iraque 1991
- Kuwait 1991
- Somália 1993
- Bósnia 1994–1995
- Sudão 1998

- Afeganistão 1999
- Iêmen 2002
- Iraque 1991–2003
- Iraque 2003–2015
- Afeganistão 2001–2015/2021
- Paquistão 2007–2015
- Somália 2007/8, 2011
- Iêmen 2009–2011
- Líbia 2011, 2015
- Síria 2014–2015

Sem rivalizar por este Oscar, depois da Chechênia e sua guerra de extermínio (com a cumplicidade do Ocidente), usando o terrorismo como inimigo principal da humanidade, coube à Rússia esmagar qualquer traço de primavera síria e salvar o regime de Assad, através de "operações militares especiais" na sua zona de influência (Geórgia, Moldávia, Ucrânia).

Mas as guerras entre as potências nunca acontecem sem serem acompanhadas por guerras de classes, guerras raciais e guerras contra as mulheres, que cada Estado trava por sua própria conta.

Ora, o fato é que os movimentos políticos contemporâneos se desvincularam completamente da tradição que colocava no centro do debate e da ação política as questões da guerra e da revolução. A ponto de podermos perguntar se a maior vitória da contrarrevolução não teria sido de nos fazer acreditar que essas questões foram definitivamente superadas. No entanto, enquanto o Capitalismo e o Estado reinarem, elas continuam totalmente atuais.

Como chegamos a esse ponto?

Para compreender a guerra atual, é preciso remontar à queda do Muro de Berlim e explicitar as mudanças estratégicas que, na época, não foram realmente compreendidas, visto faltar uma análise das revoluções do século 20.

Os ocidentais representam o maior perigo para a paz no mundo porque estão muito conscientes do duplo declínio que os ameaça: o da Europa, desde a primeira guerra mundial, e o dos Estados Unidos da América, a partir do fim dos anos 60. Eles provocam uma desordem política e econômica atrás da outra, disseminam o caos e a guerra, pois, além disso, se enganaram redondamente sobre a nova fase política que o desmoronamento da União Soviética abria.

Os ocidentais (e sobretudo os governos americanos, com todo o establishment industrial, financeiro, a burocracia do Pentágono etc., a diferenciar do povo americano dividido por uma guerra civil *larvar* em curso!) estavam convencidos de terem triunfado, quando na verdade tinham sido derrotados, ainda que de forma diferente dos soviéticos. Este é um ponto muito importante que explica todas as escolhas catastróficas feitas nos últimos trina anos, entre elas a expansão da OTAN em direção à Rússia, o que está na origem da guerra na Ucrânia, e que não será a última.

Alberto Negri escreveu nestes dias: "Dede 1997, os EUA tinham prevenido George Kennan, arquiteto da política de contenção da União Soviética: 'A expansão da OTAN é o erro mais grave dos EUA desde o fim da guerra fria. Ela levará a política russa na direção contrária àquela que desejamos.'"

Para entender por que os americanos continuam fazendo escolhas catastróficas, conduzindo-nos direto ao desastre, é preciso voltar ao século 20, pois ele não foi nem "curto" (Hobsbawm) nem "longo" (Arrighi), mas o século das revoluções e contrarrevoluções mais importantes, que configuraram nossa atualidade e que ocorreram no Sul do mundo.

Para os ocidentais, a economia de mercado e a democracia tinham vencido a batalha da "civilização" do século 20. Só faltava capitalizar a vitória, impondo por toda parte o "neoliberalismo" e os direitos humanos.

Na realidade, o século 20 foi o século da "revolta contra o Ocidente", o século das guerras contra seu imperialismo, o século das guerras civis mundiais (e não apenas europeias), que se prolongaram depois da segunda guerra mundial. E é daqui que é preciso partir para compreender a situação contemporânea.

Os ocidentais, concentrados no confronto Leste/Oeste, não entenderam que as guerras anticoloniais, em menos de um século, estavam revertendo a relação de forças entre o Norte e o Sul. Os "povos oprimidos" tinham atacado a divisão econômica e política entre centro e periferia, que desde 1492 regia o funcionamento do capitalismo. O poder europeu se fundava sobre a divisão do proletariado mundial entre, de um lado, trabalhadores que forneciam um trabalho abstrato no Norte, e de outro, os proletários, camponeses, mulheres, escravos, servos etc., que garantiam um trabalho desvalorizado, gratuito, muito mal pago no Sul, bem como o trabalho doméstico gratuito no mundo.

O grande mérito da revolução bolchevista foi o de abrir caminho para a revolução dos "povos oprimidos". O que mudaria radicalmente a relação de forças para sempre. Contudo, os EUA haviam conduzido uma guerra política e econômica encarniçada contra o Sul ("terceiro mundo" na época) depois da segunda guerra mundial. Eles efetivamente conseguiram comprometer a revolução mundial, mas esta sedimentou mudanças tão radicais na organização do mercado mundial e nas sociedades liberadas do imperialismo, que as revoluções anticoloniais, mesmo tendo abandonado o projeto comunista ou socialista, estão na origem da distribuição dos poderes políticos contemporâneos, bem como do deslocamento dos centros do capitalismo do Norte para o Sul e o Leste.

A grande novidade não deve ser buscada na revolução digital, no capitalismo cognitivo, na biopolítica, na bioeconomia (todos esses conceitos traduzem um limitado ponto de vista eurocêntrico), mas na mudança das relações de força entre forças econômico-políticas.

A reconfiguração do capitalismo não ocorreu principalmente no Norte, mas no Sul, como agora fica cada vez mais claro.

Para Giovanni Arrighi, o coração do antagonismo da segunda metade do século 20 "não é outra senão a luta de poder ao longo da qual o governo americano tentara conter, pelo uso da força, o duplo desafio que representavam o comunismo e o nacionalismo do terceiro-mundo".

Único entre os operaístas a ter compreendido as revoluções do século 20, ele demonstrou que a contrarrevolução monetária, iniciada com a abolição da conversibilidade do dólar (1971), constituiu uma resposta direta à mais importante guerra anticolonial posterior à segunda guerra mundial, aquela que sinalizou a mobilização geral contra o imperialismo em todos os países do Sul. "É preciso fazer como Diem Ben Phu", clamava Fanon na Argélia ainda sob ocupação francesa.

Enquanto os marxistas europeus atribuem a reorganização capitalista unicamente às lutas capital-trabalho e à concorrência entre capitalistas, Arrighi afirma que "as políticas estadunidenses na virada dos anos 60/70 visaram liberar-se das coerções monetárias, na luta que empreendiam pela dominação do terceiro mundo".

Os custos (externos e internos) da guerra conduzida pelos americanos contra os Vietcongue "não só contribuíram para a redução dos lucros, mas foram a causa principal para a brutal desvalorização do dólar que daí resultou".

A colônia é tão moderna quanto a fábrica de Manchester, ela faz parte da cadeia de valor assim como Detroit e Turim, e ela se revelará o lugar mais propício para a subjetivação revolucionária, colocando em crise o centro a partir da periferia.

> Como para a liquidação da paridade ouro/dólar, foram as guerras e as revoluções no Sul, e não a concorrência entre capitalistas das três grandes economias, as responsáveis pela contrarrevolução monetarista de 1979-1982.

A arma monetária mobilizada contra o Sul teve repercussões muito pesadas sobre as lutas de classe no Norte. "Mas o estímulo mais forte veio da crise não resolvida da hegemonia estadunidense no terceiro mundo, não da crise de lucratividade". As diferenças entre o Norte e o Sul no final do século 19 e no fim do século 20 "são mais importantes do que as relações entre trabalho e capital."

Mas também na primeira metade do século, as coisas essenciais aconteceram no Leste e no Sul, pois a organização das revoluções cujas vitórias se afirmarão depois da segunda guerra mundial se implantaram e se aceleraram após os massacres da "grande guerra".

No coração dessas lutas que derrubaram alguns séculos de colonização, os comunistas desempenharam um papel central, pois transformaram a "pequena guerra" de Clausewitz em guerra revolucionária, em "guerra de partisans". Invenção estratégica de uma importância comparável ao esquecimento de que foi objeto por parte daqueles que gostariam de mudar o mundo.

O grande autor conservador Carl Schmitt (nazista, na época), mesmo sendo anticomunista, teve o mérito de reconhecer a enorme energia e potência política das revoluções anticoloniais, enquanto os seus admiradores operaístas, como Mario Tronti, que o introduziu na Itália, têm uma insuportável condescendência frente a essas revoluções "camponesas".

"A irregularidade da luta de classes" organizada na guerra de partisans, articulada a formas mais clássicas de combate travadas pelo Exército vermelho ou pelo Exército do povo, "coloca em xeque não só uma linha, mas o edifício inteiro da ordem política e social [...] A aliança entre a filosofia e o partisan, conseguida por Lenin [...] provocou nada menos que a explosão de todo este mundo histórico eurocêntrico que Napoleão esperava salvar, que o Congresso de Viena esperava restaurar".

Clausewitz, "um oficial de carreira, não podia engendrar um partisan, só um revolucionário profissional como Lenin poderia fazê-lo. Mas o partisan do bolchevismo russo é pouca coisa de um ponto de vista sociológico – quero dizer, na realidade concreta – comparado ao partisan chinês. Mao ele mesmo construiu seu exército de partisans e sua elite de partisans".

Numa conversa com um maoísta (Joachim Schickel) em 1969, Carl Schmitt afirma que a dimensão global da luta foi introduzida pela guerra de partisans: "o problema do partisan não era só um problema internacional, porém global".

E acrescenta que, em 1949, com a proclamação da República Popular Chinesa, "pensava-se por fim alcançar a paz mundial, mas menos de um ano depois a Coreia começou", sem esquecer Dien Bien Phu, a Argélia, Castro etc. (sequência que ele definirá, ao mesmo tempo que Hannah Arendt, em 1961, como "guerra civil mundial").

Raymond Aron foi vítima do mesmo preconceito eurocêntrico dos operaístas tipo Tronti, pois escrevia a Schmitt que "o problema do partisan era o problema dos povos pobres" e privados de tecnologia, com atraso tecnológico e organizacional, poderíamos acrescentar. Preconceito que ele compartilhou com os marxistas ocidentais.

Evocar a guerra dos partisans não constitui uma simples comemoração histórica, pois ela continuará, animada por outros "povos pobres" e outras forças políticas, e conseguirá sempre desfazer os imperialistas mesmo depois da derrota do socialismo.

Nova distribuição do poder no mercado mundial

Com o fim da guerra fria, essa potência revolucionária transformada em potência produtiva neocapitalista, contida e dirigida pelo Estado soberano, cujo exemplo mais visível é a China, não tardará a impor-se. Depois da Revolução Cultural, os marxistas "reformistas" converteram a imensa energia da máquina revolucionária em trabalho, ciência e tecnologia.

Ainda que sob a forma de um "capitalismo de Estado" ("socialismo de mercado", em chinês), impõe-se uma reversão geopolítica entre o Norte e o Sul, que se manifesta igualmente pelo fracasso de qualquer guerra colonial conduzida pelos EUA (Iraque, Líbia, Síria, Afeganistão) e pelos fluxos migratórios em direção ao Norte (subjetividades provenientes das lutas de liberação do colonialismo).

As revoluções (violentas ou pacíficas, como na Índia) criaram um mundo multipolar onde as ex-colônias e semicolônias desempenham um papel central, o que os EUA não podem e não querem aceitar. Esses últimos continuam a sonhar em ser um Império, ao passo que não têm a força econômica e política nem externa nem interna (apesar do exército enorme) para impor sua vontade unilateral.

Com o fim da guerra fria, não temos mais o enfrentamento entre socialismo e capitalismo (a revolução mundial foi derrotada bem antes de 1989), mas diferentes capitalismos e diferentes soberanias disputam a hegemonia econômica e política .

Os EUA, ao contrário, contam para si mesmos uma história que não corresponde às relações reais entre potências econômico-estatais. O "capitalismo" e o "Estado", inimigos jurados das revoluções do século 20, parecem ter vencido, mas o capitalismo e o Estado não são por toda parte os mesmos, e sobretudo não estão todos sob controle dos americanos (como é o caso da Europa!). Ao contrário, exatamente como há mais de um século, esta vitória do capitalismo sobre o comunismo dispara uma concorrência (a "verdadeira" concorrência, não a do neoliberalismo!) sempre pronta a transbordar a guerra. Diferentemente da guerra de 1914, esta pode ser nuclear e pode alimentar de modo definitivo a catástrofe ecológica.

Os erros e responsabilidades dos EUA são imensos, como imensa é a covardia, o servilismo dos europeus depois da queda do Muro de Berlim.

Primeiro "erro": uma vez desaparecida a URSS, não haveria uma única potência, os EUA, como símbolo do fim de História (na realidade, o que vem à luz é antes o fim da hegemonia americana). Curiosmente, o livro *Império* foi vítima da mesma "ingenuidade" de seus inimigos, pois as transformações das revoluções tinham consolidado uma multiplicidade de forças impossíveis de submeter ao unilateralismo da hegemonia americana. Ao acordar de seu sono cheio de sonhos, os EUA declararão a China o inimigo principal e com ela todos os Estados (a começar pela Rússia) que não juram fidelidade a esse Império em bancarrota.

Segundo erro: associada à ilusão do Império há uma segunda ilusão que decorre da primeira. Uma vez desmanchado o comunismo, só os terroristas resistem à hegemonia americana. O terrorismo islâmico é elevado ao posto de inimigo principal contra o qual se deve travar uma guerra infinita. Na realidade, o terrorismo não passava de um epifenômeno, alimentado pelos EUA e os ocidentais, da potência em ascensão de ex-colônias e semicolônias, sólidas e ameaçadoras.

Terceiro erro: o Pentágono e o Exército americano não só não compreenderam a conjuntura política mas nada aprenderam com as "guerras de partisans" que no entanto tinham combatido (e por elas sido derrotados!), pois continuaram a perder sistematicamente para todos os "povos pobres" que quiseram submeter à sua vontade. Mesmo se a guerra dos partisans do pós-socialismo não tinha a grandeza do projeto e da organização da guerra conduzida pelos comunistas, ela era suficiente para desafiar a maior potência militar-tecnopolítica do planeta (à diferença de GAFA, verdadeira imagem do capitalismo após a segunda guerra mundial).

O que chamei de modo eufemístico de "erros" (na realidade, uma estratégia suicidária pelos EUA e homicida para o resto) produziu, vale a pena repetir, 17 guerras desde 1989, milhões de mortos, a destruição de cidades e países, consumindo e dilapidando imensas fortunas e recursos naturais, minando um Estado de direito (Guantánamo) já suficientemente desacreditado pelo racismo que o constitui.

A economia, arma de destruição em massa

Mas há uma outra arma de destruição em massa nas mãos do imperialismo americano que será utilizada em escala mundial contra todos os povos do planeta: a "economia". Faca de dois gumes, pois produzirá um caos "econômico" que vai se somar à desordem e multiplicá-la, na luta entre Estados-potências, mergulhando o capitalismo na guerra e no fascismo.

Há mais de cinquenta anos, pagamos caro pelas tentativas fracassadas de interromper o declínio da potência americana. Depois de 1945 os EUA representavam a metade da produção mundial. A partir dos anos 60 essa percentagem não cessa de diminuir, mordiscada nos anos 70 pela Alemanha e o Japão, e há trinta anos pelas potências saídas das revoluções (China, Índia).

A "economia" vitoriosa do coletivismo nada tem a ver com a narrativa coberta de ideologia que é o neoliberalismo (mercado, oferta, demanda, autorregulação, empreendedor de si etc.). A primeira guerra mundial produziu uma hibridação entre Estado, monopólios, guerra, sociedade, trabalho, técnica e ciência que nenhuma "governamentalidade" (nem a de Foucault nem a de seus amigos, nem a governança dos diferentes imperialismos) jamais conseguirá reconduzir ao "mercado" da oferta e demanda. O que se chama de neoliberalismo produz *não* concorrência, mas fortalecimento dos monopólios e dos oligopólios (o único monopólio a ser sistematicamente demolido é o dos sindicatos, ao passo que os monopólios públicos serão sistematicamente privatizados); *não* autorregulação, mas o desenvolvimento selvagem de todos os desequilíbrios possíveis; *não* a democracia, mas um Estado forte, autoritário, une democracia compatível com o fascismo; não uma nova "produção" biocognitiva, mas apropriação, despossessão, pilhagem e roubo pela finança.

Um empresário do Vale do Silício, Peter Tiel, explica a natureza do mantra dessa economia vitoriosa, a concorrência econômica:

> Mas no fundo o capitalismo e a concorrência são antagônicos. O capitalismo se baseia na acumulação sobre acumulação do capital. Ora, numa situação de concorrência perfeita, todos os lucros são anulados. A lição para os empresários é clara... A concorrência é para os perdedores.

Do mesmo modo o equilíbrio – outro grande significante da ideologia neoclássica e neoliberal, implica a morte certa do Capital, donde sua contínua e necessária reprodução de "diferenças" (da riqueza e da miséria, das desigualdade nos salários, do patrimônio, do acesso à saúde, da formação, da moradia etc.

A abolição da conversibilidade do dólar em ouro fez da moeda uma arma temível que a política da dívida, a partir de 1979, transformou no maior dos programas de captura da riqueza e imposição de privatização que a história já conheceu.

A estratégia da economia de mercado (financeirização, a globalização/colonização, a centralização monopolística produziram a forma contemporânea das guerras de conquista coloniais, que começaram saqueando a África nos anos 80, continuaram na América Latina, passando pelas sociedades do Sudeste asiático no fim do último século, para chegar enfim à Europa (a Grécia, exemplo para toda a Europa, da imposição de interesses dos credores).

A economia vitoriosa produziu as condições de sua impossibilidade: lucros enormes e dívidas colossais, riquezas inéditas concentradas nas mãos de alguns indivíduos e miséria para milhões de pessoas. Os EUA têm a maior concentração de lucro, fruto de pilhagem financeira, e o maior endividamento do planeta. O capitalismo não conseguirá sair do abismo entre lucros imensos/dívida colossal senão através da guerra e do fascismo. Deste "axioma" da tradição revolucionária hoje parece não ter sobrado nada.

A predação do capitalismo financeiro para interromper o declínio dos EUA opera igualmente no proletariado do centro, notadamente dos EUA, suscitando formas de guerra civil de baixa intensidade. A guerra civil larvar que as carcome não foi criada por Trump, ele limitou-se a nomeá-la e a consolidá-la. Ela certamente é o ponto mais fraco da potência que se quer global. Os fundamentos da maior potência do planeta repousam sobre areia. Trata-se de um signo a mais de seu declínio, da corrupção de suas instituições, do fracasso de seu sistema político, baseado, desde seu nascimento, na divisão racista da sociedade.

A economia vitoriosa revelou muito rapidamente para onde ela nos conduzia: o assim chamado "neoliberalismo" teria sido pensado para evitar os inconvenientes do liberalismo clássico, isto é, a guerra entre potências imperiais, a guerra civil, o fascismo, o nazismo, a crise econômica e financeira que a "livre concorrência" tinha produzido entre o fim do 19 e o início do século 20. Na realidade, de modo a um só tempo idêntico e diferente, estamos hoje no mesmo impasse catastrófico: crise econômica e política permanentes, Estado "forte", novas formas de fascismo, racismo, nacionalismo, sexismo, guerras e guerras civis que só não assumiram o tom genocida da crise do primeiro neoliberalismo porque não há nada de parecido com a revolução soviética, nada de parecido com as insurreições operárias no Norte, nada de parecido com as guerras de longa duração travadas pelos comunistas no Sul.

Se a economia anda mal, a democracia tampouco vai bem. A centralização do poder político no executivo, a desvalorização do parlamento e o Estado de exceção permanente são a outra face da centralização da economia. As duas concentrações de poder (econômica e política) são paralelas, convergentes, e uma reforça a outra. Separar a economia da política, isto é, separar a política do Estado das lutas de classe só pode conduzir à confusão, ambiguidade, à conivência com as forças políticas mais que duvidosas, cuja exposição foi feita por Giorgio Agamben durante a pandemia.

A guerra na Ucrânia marca um passo ulterior em direção ao devir fascista e notadamente da União europeia que, face ao "inimigo", reencontrou intacto o ódio, o racismo, o sexismo de que ela foi o berço desde o século 19. A guerra liberou as pulsões agressivas recalcadas pela experiência nazista e fascista: a Alemanha decidiu acelerar o rearmamento e o Japão acolhe os mísseis nucleares dos EUA em seu território.

O "fascismo" é uma opção sempre possível para a "economia de mercado". Um dos fundadores do neoliberalismo resume, no título de um artigo de 1929, a realidade que toma forma sob nossos olhos: "A ditadura nos limites da democracia".

Economia financeira e imperialismo, em sua impossibilidade de sair dos respectivos impasses, dedicam-se, como há um século, à potência de destruição de todo tipo de guerra.

Economia e política, em sua impossibilidade de sair dos respectivos impasses, utilizam os mesmos remédios de um século atrás.

Por que Putin invadiu a Ucrânia

É nesse quadro multipolar devastado pelas guerras econômicas que os EUA não querem reconhecer (a não ser por palavras) que a guerra estourou. Eles não podem aceitar uma nova ordem mundial reivindicada pela China, Índia, e mesmo pela Rússia, pois não conseguiriam sustentar a concorrência, e de toda maneira o capitalismo desenfreado não permite chegar a um compromisso e a uma regulação. Ao contrário, os americanos, empurrados pelo par lucros fabulosos/dívida ilimitada, colocam travas de todas as maneiras possíveis e imagináveis, provocando o caos como estratégia política.

Os americanos têm todo interesse em manter a guerra e a desordem, pois somente nesse caos sua superioridade militar pode garantir uma primazia que sua economia já não lhes garante.

O enfrentamento entre a Aliança Atlântica e a Rússia é um caso de escola dessa estratégia. Deixo a palavra a embaixadores e militares para desenhar a escalada que conduziu ao conflito durante os trinta anos que se seguiram ao desmoronamento da URSS. Um embaixador italiano que leu documentos diplomáticos até há pouco tempo "secretos" da época da dissolução da URSS escreve: "A partir dos documentos americanos, alemães, ingleses e franceses liberados, está claro que os líderes do Kremlin tinham recebido uma série de garantias dos ocidentais (François Mitterrand, Giulio Andreotti, Margaret Thatcher e o próprio Helmut Kohl): a OTAN não se moveria um centímetro para o Leste, 'not one inch eastward', para utilizar a fórmula de James Baker, secretário de Estado dos EUA na época. Baker dizia que ele não pensava em absoluto colocar em perigo os interesses soviéticos e não uma mas três vezes confirmou que a Aliança Atlântica não se mexeria... É isso que foi dito a Gorbachov e Shevardnadze, e quando o ministro da defesa russo, o marechal Jazon perguntou ao sucessor de Thatcher, John Major, se ele achava que alguns países europeus poderiam aderir à OTAN, a resposta foi que nada disso poderia acontecer".

Em 2003, uma escolha catastrófica, a segunda guerra do Golfo, com seus milhares de mortos para vingar o "principal inimigo" dos EUA, desencadeou uma segunda escolha tão problemática quanto. Nenhum dos países do Norte queria se engajar nessa aventura sem futuro no Iraque. Só alguns países do antigo Pacto de Varsóvia enviaram tropas ao Iraque. Os EUA, para recompensá-los pela participação na operação 'Desert Storm', incorporaram-nos imediatamente na OTAN.

Em 2007 Putin pedia a constituição de uma nova ordem mundial. O que significava certamente para ele a possibilidade de conduzir livremente sua política interna (esmagamento das minorias, destruição da Chechênia, desmantelamento da oposição, controle da mídia, distribuição de poder e riqueza entre as oligarquias, eliminação física dos adversários, etc.) mas igualmente um reconhecimento das novas relações de força pelos EUA.

Os russos se alarmaram de fato só quando em 2008 a OTAN quis incluir na Aliança Atlântica a Geórgia e a Ucrânia. 2008 é igualmente o ano de outra catástrofe proveniente ainda dos EUA, que vai semear o pânico em todo o planeta e determinar uma intensificação das tensões entre as potências: a maior crise financeira desde 1929. A economia que tinha vencido o comunismo agregava o caos ao caos, a desordem à desordem.

Em 2014 a OTAN (os americanos) e a Europa favoreceram e reconheceram o golpe de Estado na Ucrânia com o único objetivo de continuar a expansão para o Leste, militarizando a zona (desde então eles armam a Ucrânia). Os EUA são especialistas em golpes de Estado. Entre 1947 e 1989 organizaram direta ou indiretamente sessenta e oito, entre os quais os mais importantes foram os que afligiram a América Latina. Agora eles tentam novas modalidades, como o golpe articulado contra o PT no Brasil, que abriu as portas a Bolsonaro, organizado, principalmente, novidade notável, pelo Ministério da Justiça.

Nas redes sociais italianas circula nesses dias um resumo de falas muito significativas feitas por um militar italiano à televisão (Rai News) sobre a estratégia da OTAN. Leonardo Tricario, ex-comandante da força aérea e das forças italianas na guerra do Kosovo, ao exigir um processo contra Putin por crimes de guerra, preserva uma rara lucidez:

- O secretário geral da OTAN "fala demais" sem consultar seus aliados;

- A OTAN não ouve a Itália, mais interessada na costa mediterrânea, e está tomada por uma histeria antirussa e obcecada pela expansão para o Leste;
- Os EUA escolheram curvar-se a todas as exigências dos países bálticos, furiosamente antirussos;
- A OTAN prometeu à Ucrância sua entrada na Aliança, brandindo uma proteção que ela não poderia lhe garantir.

"Jogaram gasolina na fogueira, vamos ter que pagar o prejuízo"

Putin reagiu segundo a lógica "louca" (mas ele não é o único "maluco" nessa história) que rege as relações estratégicas entre potências. A morte de civis constitui a última de suas preocupações e o risco de uma escalada descontrolada é patente. Sleepy Joe, entre uma siesta e outra, fala da terceira guerra mundial, Putin coloca em alerta os militares responsáveis pelas armas nucleares, os representantes da OTAN falam da eventualidade de um enfrentamento nuclear, como se nada fosse. Seria preciso um outro Kubrick para colocar em imagem este delírio. Com uma angústia suplementar, pois os atores contemporâneos deste drama com certeza são mais perigosos!

Só podemos estar do lado dos inocentes que morrem na Ucrânia sob os bombardeios, espremidos entre dois cinismos que jogam pesado para determinar o futuro do mercado mundial. Os russos não querem ceder à vontade hegemônica americana que se manifesta pela instalação dos misseis nucleares na Romênia, Polônia e (por vir) na Ucrânia, enquanto a estratégia americana do caos é totalmente "racional": isolar a Rússia (para em seguida isolar a China) e assim romper a aliança em gestação entre as duas potências ex-comunistas, reagrupar os europeus por trás dos EUA que, através da OTAN, continuam a ditar sua política externa e sua política econômica, recuperando-se assim de uma enésima derrocada no Afeganistão.

Contrariamente ao que se acredita, o enfrentamento entre os EUA e a URSS, que é o pano de fundo desta guerra, não é entre democracia e autocracia, mas entre oligarquias econômicas semelhantes em muita coisa, notadamente no fato de serem oligarquias rentistas.

> É mais realista considerar a política econômica e estrangeira dos EUA em termos de complexo militar-industrial, complexo petroquímico (e de minério), complexo bancário e imobiliário, do que em termos de política de republicanos e democratas. Os principais senadores e deputados do Congresso não representam tanto seus Estados e distritos mas os interesses econômicos e financeiros de seus principais contribuintes no financiamento de suas campanhas políticas (Michael Hudson).

Desses três monopólios rentistas, o militar-industrial e o petroquímico contribuíram amplamente na estratégia que levou à guerra. O primeiro é o principal fornecedor da OTAN, o segundo quer substituir a Rússia como fornecedor principal do gás na Europa e, eventualmente, apropriar-se de Gazprom.

Lenin, guerra e revolução

É inútil fazer propostas para uma eventual resolução do conflito (evitar fazer da Ucrânia uma presa do Leste ou do Ocidente, dar-lhe um estatuto semelhante ao da Finlândia etc). Não nos interessa, mesmo se pudéssemos, interferir nesse jogo estratégico, e em todo caso, nosso problema é outro: encontrar um posicionamento político num quadro monstruoso que se anuncia há anos e que não tivemos a coragem de olhar de frente. Pois a guerra na Ucrânia corre o risco de fazer da guerra e das guerras de classe, raça e sexo o cotidiano dos próximos anos.

O posicionamento mais claro em relação à guerra ainda é o dos socialistas revolucionários citados no início da primeira guerra mundial (a reversibilidade entre produção e destruição, trabalho e devastação, sociedade e mobilização geral que a caracterizou continua sendo a matriz de nossa atualidade).

A situação é muito semelhante àquela enfrentada pelos bolchevistas em 1914: a guerra entre forças econômico-políticas para dividir a potência e as riquezas de um mundo (Lenin dizia na época: para dividir os escravos!) gerido por criminosos ensandecidos e sedentos de poder e lucro e capazes de tudo (hoje Biden e

Putin) e uma oposição desorganizada pela traição dos partidos social-democratas (hoje a oposição é até inexistente).

Os partidos socialistas, tendo votado os créditos de guerra, se aliaram aos diferentes Estados, determinando assim a impossibilidade, para sempre, de uma revolução no Ocidente e o começo da integração do movimento operário pela máquina Estado-Capital. Portanto, a primeira coisa a evitar é reproduzir o comportamento dos socialistas da época, isto é, tomar partido por uma das potências, integrar-se à lógica de um dos Estados-nação em guerra e fazer seus os interesses de nossos inimigos, pois tanto Biden como Putin são "inimigos do proletariado".

Desde o começo da "grande guerra" Lenin tinha lançado sua palavra de ordem que acabou vingando no final: transformar a guerra imperialista em guerra revolucionária, e convidava os soldados a mirar não mais os outros proletários que o Estado designara como o inimigo, mas a virar os fuzis contra seus próprios oficiais, seus próprios capitalistas e seu próprio Estado.

A situação mudou profundamente, mas a posição dos revolucionários da primeira metade do século 20 ainda preserva verdades a serem reatualizadas: inventar um novo ponto de vista internacionalista que possa circular entre "todos os países", mesmo que não se tenha a possibilidade de virar os fuzis conta a máquina de guerra. Não há outra alternativa senão subverter os imperialismos, derrubar os insanos que os comandam, construir organizações políticas autônomas.

O que deve surpreender não é a aparente irrealidade atual dessas palavras de ordem, mas o fato de que o pensamento crítico há cinquenta anos tenha cuidadosamente evitado confrontar-se à "guerra" e à "revolução".

É esse espanto que em 2016 nos levou, Éric Alliez e eu, a publicar *Guerras e Capital*, e é o mesmo estupor diante da irresponsabilidade do pensamento político contemporâneo que está na origem do meu último livro sobre a revolução, *O intolerável do presente, a necessidade da revolução* [publicado no Brasil pela n-1 edições]. Guerras e revoluções, apesar da denegação de que são objeto por parte do pensamento crítico, continuam determinando o início e o final das grandes sequências políticas. A guerra é parte integrante da máquina Capital-Estado do mesmo modo que a produção, o trabalho, o racismo e o sexismo. Desde a primeira guerra mundial, todos esses elementos estão integrados de modo indissolúvel e funcionam conjuntamente como um todo. E como há um século, eles vão desembocar em situações comparáveis às que vivemos nestes momentos.

O marxismo da primeira metade do século 20, o que organizou e praticou a "guerra dos partisans", ainda tem coisas a transmitir, mesmo se uma grande parte de seus conceitos e palavras de ordem envelheceram e hoje são impraticáveis. Seu *pensamento estratégico* para opor-se à guerra e ao capitalismo (que todas as teorias que temos elaborado para substituí-lo se revelaram incapazes de propor) foi completamente ignorado, quando pode constituir uma orientação do pensamento e da ação se tivermos a capacidade de a requalificar em função da nossa época.

O pós-estruturalismo, a desconstrução, a biopolítica, o espinosismo, o pensamento ecológico, as teorias feministas, a micropolítica e a microfísica do poder, etc., ou seja, todo o esforço que a partir dos anos 60 foi dedicado para tentar construir uma alternativa à luta de classes marxista (sem conseguir!), todo esse esforço, pois, se não se articular a um pensamento estratégico da guerra e da revolução, corre o risco de tornar-se impotente, pois as guerras e revoluções são ainda e sempre, infelizmente, o escoadouro "natural" da ação do capitalismo e de seus Estados.

Sem a invenção de um pensamento estratégico à altura da máquina Estado-Capital contemporânea, as alternativas são sombrias: destruição instantânea por uma guerra nuclear (mesmo uma guerra convencional pode ser amplamente suficiente – em 2021 os Estados gastaram pouco mais de dois trilhões de dólares em armamentos, a metade pelos EUA e Europa, bem na frente da China e da Rússia – nos últimos vinte anos o gasto dobrou); destruição pelo aquecimento climático, escalonada no tempo; implosões das classes em luta como Marx previra no Manifesto do Partido Comunista. Sem um pensamento alternativo capaz, com realismo, de articular, repito, guerra e revolução, nas novas condições de ação do capitalismo, dos Estados e dos movimentos políticos contemporâneos, é o que nos espera.

Guerra, capitalismo, ecologia

Por que Bruno Latour não compreende a relação entre eles?

Diante da guerra na Ucrânia o filósofo ecologista parece perdido, ultrapassado pelos acontecimentos: ele não "sabe como segurar (*tenir*) ao mesmo tempo as duas tragédias", a da Ucrânia e a do aquecimento climático. A única coisa que ele propõe é que o interesse por uma não deve sobrepujar o interesse pela outra. Ele não consegue apreender a relação entre elas, e no entanto elas estão estreitamente ligadas porque têm a mesma origem. Seria preciso, para tanto, que Latour admitisse a existência do capitalismo, que é o campo em que as duas guerras surgem e se desdobram.

A guerra entre Estados e as guerras de classe, de raça e de sexo sempre acompanharam o desenvolvimento do Capital, pois a partir da acumulação primitiva, elas foram sua condição de existência. A formação das classes (dos operários, escravos e colonizados, das mulheres) implica uma violência extraeconômica que funda a dominação, e uma violência que a conserva, estabilizando e reproduzindo as relações entre vencedores e vencidos. Não há Capital sem guerra de classe, de raça e de sexo e sem Estado que lhe ofereça os meios para sustentá-las. A guerra e as guerras não são realidades externas, porém constitutivas da relação de Capital, mesmo que o tenhamos esquecido. No capitalismo as guerras não eclodem porque de um lado há autocratas arrogantes e maldosos e de outro democratas bons e simpáticos.

A guerra e as guerras que surgem no início de cada ciclo de acumulação também as reencontramos no final. No capitalismo elas provocam catástrofes e disseminam a morte de modo incomparável a outras épocas. Mas houve um momento na história do capitalismo, no início do século xx, quando a guerra, o Estado e o Capital se entrelaçaram a tal ponto que sua potência destrutiva, que é uma condição de seu desenvolvimento (seu motor, diz Schumpeter ao defini-la como "destruição criativa"), de relativa se torna absoluta. Absoluta pois coloca em jogo a existência mesma da humanidade, assim como as condições de vida de muitas outras espécies.

A primeira guerra mundial e a destruição absoluta

Os estudiosos do Antropoceno discutem a data de seu início: o neolítico, a conquista da América, a revolução industrial, a grande aceleração do pós-guerra etc. Todos evitam cuidadosamente enfrentar a ruptura representada pela primeira guerra mundial, cujas consequências propriamente nefastas continuam agindo em nossa atualidade.

A grande mudança que afetou para sempre a máquina de duas cabeças Estado/Capital no século XX ocorreu bem antes da crise financeira de 1929, já na guerra de 1914. A grande guerra é uma novidade absoluta pois resulta de uma integração da ação do Estado, da economia dos monopólios, da sociedade, do trabalho, da ciência e da técnica. A cooperação entre todos esses elementos trabalhando em conjunto na construção de uma megamáquina de produção para a guerra muda profundamente as funções de cada um deles: O Estado acentua o poder executivo em detrimento do poder legislativo e judiciário para gerar a "emergência", a economia sofre a mesma concentração do poder político consolidando os monopólios, a sociedade no seu conjunto e não apenas o mundo do trabalho é mobilizado pela produção, a inovação científica e técnica passa para o controle direto do Estado e sofre uma aceleração fulminante.

Ernst Jünger, o "herói" da primeira guerra mundial, assim a descreve: ela constitui menos uma "ação armada" do que um "gigantesco processo de trabalho". A guerra é a ocasião para a implicação de toda a sociedade na produção, ampliando uma organização da produção que antes dizia respeito apenas a um pequeno número de empresas.

> Os países se transformam em gigantescas usinas capazes de produzir armas em cadeia a fim de estarem em condições, 24/24, de enviá-las ao fronte onde um processo sangrento de consumo, totalmente mecanizado, desempenhava o papel de mercado [...]

A implicação de todas as funções sociais na produção (que os marxistas chamam de subsunção da sociedade pelo capital) nasceu neste momento e foi marcada, e o será sempre, pela guerra. Toda forma de atividade, "fosse a de um empregador doméstico trabalhando em sua máquina de costura", é destinada à economia de guerra e participa da mobilização total. "Ao lado dos exércitos que se enfrentam nos campos de batalha emergem exércitos de um tipo novo, o exército de transporte, da logística, da indústria de armamentos, o exército do trabalho", o exército da ocupação, os exércitos da ciência e da técnica etc. A logística da guerra se revela mais eficaz que a logística comercial do capital.

É nesse sentido que a guerra é "total". Ela requer a mobilização da economia, do político e do social, isto é, uma "produção total". Entre a guerra, os monopólios e o Estado se produz uma conexão que nenhum liberalismo poderá desfazer. Nem o neoliberalismo conseguirá fazer recuar o mercado da oferta e da demanda e da livre concorrência.

O nascimento do que Marx chamava de General Intellect (a produção não dependendo apenas do trabalho direto dos operários, mas da atividade e da cooperação da sociedade no seu conjunto, da comunicação, da ciência e da técnica) acontece sob o signo da guerra. No General Intellect marxiano não existe a guerra, ao passo que em sua realização é justamente o que conclui tudo.

O capitalismo que a guerra total inaugura é diferente daquele descrito por Marx. Hahlweg, o erudito alemão que publicou as obras completas de Clausewitz, resume perfeitamente essa mudança que afeta o capitalismo na passagem do século XIX para o XX: em Lenin, as guerras tomaram o lugar das crises econômicas de Marx.

Keynes, por sua vez, afirmava que seu programa econômico só poderia ser realizado na economia de guerra, pois somente nesse caso o conjunto das forças produtivas são levadas ao limite de suas possibilidades.

Essa temível máquina, na qual guerra e produção se misturam, opera uma aceleração que determina um salto no desenvolvimento da organização do trabalho, da ciência e da técnica; a coordenação e a sinergia das diferentes forças produtivas e funções sociais se traduzem por um aumento da produção e da produtividade. *Mais produção e produtividade servem à destruição*. Pela primeira vez na história do capitalismo a produção é "social", mas ela é idêntica à destruição. O aumento da produção é finalizado num aumento da capacidade de destruir.

Desencadeia-se uma corrida louca em busca de novas invenções e novas descobertas que têm por finalidade o aumento da potência de destruição: destruir o inimigo, seu exército, mas igualmente sua população e ainda as infraestruturas do país. Esse processo tem seu desfecho na construção da bomba atômica durante a segunda guerra mundial. A ciência, expressão máxima de criatividade e da produção do ser social, amplia de maneira radical a potência de destruição: doravante, a bomba atômica coloca em discussão a própria sobrevivência da humanidade.

Günter Anders nota, a esse propósito: se até a primeira guerra mundial os homens eram mortais individualmente e a humanidade imortal, a partir da construção da bomba atômica a identidade de produção e destruição ameaça de morte diretamente a humanidade.[1] A espécie humana pela primeira vez em sua história corre perigo de desaparecer, graças ao poder de uma parte dos homens, os capitalistas, os estadistas, as classes possuidoras que a compõem.

Esse salto na organização político-econômica da máquina de duas cabeças Estado/Capital foi uma resposta ao perigo do socialismo que assombrava a Europa e uma ação preventiva contra as guerras de classe, de raça e de sexo que o socialismo incubava em seu seio (apesar das organizações que o estruturavam) e que se desenvolverão ao longo do século xx.

A grande aceleração

A ação desta nova organização da máquina Estado/Capital não vai parar com o fim dos combates, já que a "mobilização total" pela "produção total", a gestão da emergência, a concentração do poder executivo e do poder econômico, de situações temporárias e de exceções ligadas à urgência da guerra, se transformam em *normas* ordinárias da gestão capitalista.

---

1. Em breve, de Günther Anders, *O tempo do fim*, pela n-1 edições. [N. T.]

Os ecologistas chamam o pós-segunda guerra mundial de a grande aceleração, no interior da qual vão reencontrar, intacta, a identidade entre produção e destruição que se tinha afirmado durante as duas guerras totais, enraizadas no cotidiano do trabalho e no consumo do "boom" econômico. A máquina produtiva integrada não será desmantelada, mas investida na reconstrução. Na sequência se perceberá que o reparo dos danos causados pela guerra determinará uma nova e mais temível destruição: com a grande aceleração deu-se um grande passo em direção a um ponto de não retorno na degradação dos equilíbrios climáticos e da biosfera.

O capitalismo do pós-guerra continua a explorar a integração que se trançou durante as guerras totais ao produzir taxas de crescimento e de produtividade extraordinárias, às quais correspondem taxas de destrutividade das condições de habitabilidade do planeta igualmente extraordinárias. A espécie humana está ameaçada de desaparecimento uma segunda vez (com vários outros seres vivos). Não é mais a "natureza" que ameaça a humanidade, mas as classes que "dirigem" essa máquina econômico-política.

A identidade entre produção e destruição se prolonga na moldura de uma "paz" cujas condições de possibilidade são dadas sempre pela guerra, *fria* no Norte e *muito quente* no Sul, onde se concentra a "guerra civil mundial", anunciada por Hannah Arendt e Carl Schmitt em 1961. Só uma ilusão eurocêntrica pode pensar os "trinta anos gloriosos" como um período de paz.[2]

A grande aceleração é inconcebível sem o consenso do movimento operário, que reforça sua integração ao capitalismo e ao Estado, ocorrido com o voto dos créditos para a guerra de 1914. No Norte, o compromisso fordista entre Capital e trabalho no pós-guerra apoiou-se num não-dito que encobria a identidade entre produção e destruição que a "mobilização total" pela "produção total" legou, a partir daí, ao funcionamento do capitalismo. O movimento operário se limitará a reivindicar salário e direitos trabalhistas, deixando à máquina Estado/Capital o poder de decidir

---

2. A expressão Trinta Anos Gloriosos designa os 30 anos que se seguiram ao final da Segunda Guerra Mundial e que constituíram um período de forte crescimento econômico na maioria dos países desenvolvidos. [N. T.]

o conteúdo do trabalho e as finalidades da produção. O compromisso age como se a identidade entre produção e destruição não dissesse respeito ao período de guerra, quando ela interroga o próprio conceito de trabalho e de trabalhador.

Günther Anders esboça uma primeira revisão desses conceitos à luz da nova realidade do capitalismo. "O estatuto moral do produto (o estatuto do gás tóxico ou o da bomba de hidrogênio) não macula a moralidade do trabalhador que participa na produção". É politicamente inconcebível "que o produto na fabricação de que se trabalha, seja ele repugnante, possa contaminar o próprio trabalho". O trabalho, assim como o direito do qual ele é a condição, "não tem cheiro". "Nenhum trabalho pode ser moralmente desacreditado por sua finalidade".

As finalidades da produção não devem dizer respeito de modo algum ao trabalhador, pois – e "este é um dos traços mais funestos de nossa época", o trabalho deve ser considerado "neutro aos olhos da moral" [...] Seja qual for o trabalho que se faz, o produto desse trabalho está sempre para além do bem e do mal." Os sindicatos e o movimento operário fizeram o "juramento secreto" de "não olhar ou melhor de não saber o que (o trabalho) fazia", "não levar em conta sua finalidade".

Nas condições contemporâneas do capitalismo, a situação se radicalizou: qualquer trabalho (não só aquele que produz "gás tóxico ou bomba de hidrogênio") é destrutivo; qualquer consumo (e não apenas tomar um avião) é destrutivo. Doravante é indecidível se o trabalho ou o consumo produzem ser ou o destroem, já que eles são ao mesmo tempo forças de produção e de destruição.

No capitalismo os indivíduos são ao mesmo tempo "cúmplices", mesmo quando contrariados, da destruição, já que eles a produzem ao trabalhar e ao consumir, e vítimas da exploração e da dominação, já que constrangidos à fabricação da catástrofe. Não há outras alternativas senão romper esses laços de subordinação que nos tornam objetivamente cúmplices e retirar-se dessas relações de trabalho e de consumo, ou seja, de levar até o fim a recusa do trabalho e do consumo.

O autodesignado "neoliberalismo"

A estratégia da máquina Estado/Capital assume sem qualquer complexo a palavra de ordem da "mobilização total" para a "produção total" que o compromisso capital-trabalho tinha praticado, mas não reconhecido. A matriz econômico-política ainda é aquela desenhada na primeira guerra mundial. A nova globalização, a intensificação da financeirização e a concentração do poder econômico e político não fizeram senão ampliar sua dimensão ao mesmo tempo produtiva e destrutiva, exaltando suas características autoritárias e antidemocráticas.

O neoliberalismo não só nasce das guerras civis na América Latina, mas se alimenta de todas as guerras que os americanos e a OTAN declararam pelo mundo, primeiro contra um inimigo que eles mesmos contribuíram para criar (o terrorismo islamista) e em seguida contra as potências emergentes das guerras de libertação colonial (o verdadeiro objetivo da guerra em curso é a China).

A globalização contemporânea é muito diferente daquela ocorrida entre o século XIX e o XX. Esta última tinha como objetivo a divisão colonial do mundo, a atual já não pode contar com um Sul submetido ao Ocidente. Ao contrário, as ex-colônias são potências econômico-políticas que fazem vacilar um Norte desprovido de qualquer ideia capaz de estabelecer sua hegemonia, senão pelas armas. O Sul global coloca dois novos problemas. As formas de neocapitalismo adotadas pelas ex-colônias só aumentarão a extensão da produção/destruição, demonstrando que a ação da máquina Estado/Capital do centro não pode ser estendida ao resto da humanidade: o capitalismo globalizado conduz ao ponto de irreversibilidade a devastação que a grande aceleração já tinha ampliado no pós-guerra.

A afirmação da sua potência (paradoxalmente causada pela globalização, que deveria, ao contrário, garantir o começo de um novo século americano) reacendeu os enfrentamentos entre o imperialismo que os EUA, há anos, programam transformar em guerra aberta. Cegado por um delírio guerreiro, o Norte tem dificuldade de perceber que de agora em diante ele constitui uma minoria não só do ponto de vista demográfico (mesmo em relação à guerra em curso, a maioria do país não se alinhou às posições do Norte porque sabem que foram e são sempre visados pela arrogância dominadora *yankee*).

Há uma semelhança com o passado que choca: a violência que a Europa exerceu sobre as colônias finalmente se voltou contra o continente com as guerras totais e os fascismos. Aimé Césaire gostava de afirmar que o que se recrimina em Hitler não eram seus métodos "coloniais", mas sua utilização contra os brancos. Depois de trinta anos de guerras travadas pelos americanos e a OTAN no mundo, a violência armada volta à Europa, imposta pelos EUA e aceita pelos Estados e elites locais completamente submetidas à vontade americana. A guerra veio para ficar, pois os americanos não desistirão da pressão armada enquanto não conseguirem construir o *Império impossível*, projeto a um só tempo suicidário e homicida. A infelicidade da humanidade nos próximos anos está contida nessa frase de Biden: "trabalhar para que a América, ainda uma vez, dirija o mundo", verdadeiro programa de sua presidência, oficialmente proclamado durante sua campanha presidencial para reabsorver a guerra civil larvar, progressivamente abandonada.

Estas palavras de Keynes se adaptam igualmente à tragédia da guerra e à catástrofe ecológica: a hegemonia do Capital financeiro que tinha conduzido à primeira guerra mundial trazia embutida uma "regra autodestruidora" que regia "todos os aspectos da existência", regra financeira de autodestruição que age ainda hoje. A violência que os capitalistas e o Estado exalam já contém a catástrofe ecológica, pois para garantir seu lucro, propriedade, potência, são "capazes de apagar o sol e as estrelas".

A guerra entre as potências e a guerra contra "Gaia" têm a mesma origem

Acreditar que a Rússia é a causa de uma terceira guerra mundial possível é como acreditar que o atentado de Sarajevo foi a causa da primeira guerra mundial. Preguiça intelectual e política.

Há um século Rosa Luxemburgo tinha apreendido a impossibilidade da realização completa da globalização do Capital e, portanto, a inevitabilidade da guerra entre imperialismos: o Capital, "tendo tendência a tomar uma forma mundial, se choca contra sua própria incapacidade de ser esta forma mundial da produção". Ele não pode tornar-se Capital global pois depende do Estado Nação tanto para sua realização da mais valia e sua apropriação (a propriedade privada é garantida pelas suas leis e sua força), quanto pela sua "regulação", pois sem o Estado, o Capital enviaria seus fluxos para a Lua, como dizem Deleuze e Guattari.

A máquina de acumulação e sua tendência em ampliar-se sem cessar (mercado mundial) se apoia sobre uma tensão entre Estado e Capital, mesmo se ambos participam plenamente de seu funcionamento. O Capital exprime uma "tendência em tornar-se mundial" que não pode se completar pois não tem nem a força política nem militar para suas ambições. O Estado, em contrapartida, exerce esses dois poderes, mas sua base é territorial, com fronteiras, Estados rivais. Inútil opor o Capital (com sua imanência toda relativa) e o Estado (com sua soberania bem real), já que eles agem combinados.

O fracasso da globalização contemporânea é muito semelhante ao fracasso da globalização precedente, entre o fim do XIX e o começo do XX, e só pode resultar na guerra, pois uma vez que o Capital financeiro desmoronou, os Estados e seus exércitos avançam para disputar a hegemonia do mercado mundial.

A "desordem" mundial atual (multiplicidade de centros de poder constituídos pelos grandes espaços, no centro dos quais, contudo, estão sempre os Estados) que os americanos gostariam de reduzir a uma *ordem imperial impossível* pois ela já fracassou, corre o risco de desaguar num caos ainda maior, seja qual for o vencedor.

A grande globalização em vez do cosmopolitismo só conseguiu produzir lógicas identitárias pois o capital, depois do colapso financeiro de 2008, teve que se aninhar, para não desmoronar e levar consigo a "civilização" capitalista, sob a asa protetora do Estado, que por sua vez só consegue viver de identidade: nacionalismo, fascismo, racismo, sexismo.

No capitalismo as diferenças não se diferenciam produzindo imprevisíveis novidades (como afirma ingenuamente ou de modo irresponsável a filosofia da diferença), mas se polarizam (desigualdades entre salários, patrimônio, formação, saúde etc.) até se tornarem *contradições*. Por não se transformarem em oposições à máquina Estado-Capital, elas se fixam em identidades no centro das quais se encontra sempre o homem branco. As identidades nacionalistas, racistas e sexistas são as condições, amplamente preenchidas, da produção de subjetividades pela guerra. A histeria antirussa desencadeada pela mídia, o ódio racista com o qual eles distinguem as guerras e as vítimas (os brancos e os outros), foi longamente preparada por esse trabalho de destruição "simbólica" da subjetividade, que cultivou um devir-fascista pronto para se entusiasmar pela guerra.

Estamos vivendo a culminação de um processo iniciado há pouco mais de um século e acelerado no fim dos anos 70, de fechamento de todo "espaço público" e de saturação por parte da propriedade privada de cada aspecto da vida individual e coletiva. Processo totalmente diferente da "ditadura sanitária" (Agamben). O Estado de emergência é a normalidade que deve necessariamente acompanhar a identidade entre produção e destruição, pois ela progride desde o século xx se enraizando na máquina Estado/Capital cujas promessas de paz e de prosperidade não duram mais que o tempo de uma "belle époque".

Bastaria uma análise superficial do capitalismo e de sua história para compreender que depois de períodos muito curtos de euforia (a bela época do início do século e a dos anos oitenta e noventa) durante os quais o capitalismo parece triunfar de todas suas contradições, não lhe resta senão a guerra e o fascismo para sair de seus impasses.

A prosperidade para todos se tornou concentração monumental da riqueza de poucos, devastação financeira e luta de morte pela hegemonia econômica e acesso aos recursos. A salvaguarda da vida em troca da obediência, que desde Hobbes, o Estado deveria garantir contra os perigos da "guerra de todos contra todos" foi duplamente desmentida: pela organização dos massacres das guerras industriais e pela extinção humana já quase empreendida.

A biopolítica ("fazer viver e deixar morrer") revela todo seu conteúdo "ideológico" frente à realidade máquina capital/Estado, que primeiro desencadeou a violência econômica do primeiro para em seguida abandonar a violência armada do segundo. Duas violências que, conjugadas, estão muito longe da pacificação governamental implicada pelo "deixar viver".

O desaparecimento possível da humanidade pela violência concentrada da bomba atômica, que nos anos cinquenta Günther Anders anunciava, é hoje relançada pela "violência difusa" do aquecimento climático, da degradação da biosfera, do esgotamento do solo, da hiperexploração da terra, etc. Duas temporalidades diferentes, instantâneo da bomba e duração da degradação ecológica, convergem em direção ao mesmo resultado pois decorrem da mesma fonte, a identidade entre produção e destruição. Na guerra atual na Ucrânia, vivemos sob a dupla ameaça (a atômica, que jamais desapareceu) e a "ecológica". O que Latour não consegue ver, a atualidade se encarregou de nos mostrar. A guerra, ao menos, terá servido para isso, revelar a inconsistência de grande parte do pensamento ecológico e de seus intelectuais mais prestigiosos.

Post Scriptum: A crise da ontologia

A identidade entre produção e destruição leva a uma crise na concepção do ser cuja potência produtiva a filosofia afirma: ser é criação, processo contínuo de expansão, construção e do homem. Essa longa história do ser foi revirada pela primeira guerra mundial, pois a *autoprodução* do ser coincide com sua *autodestruição*. Os filósofos dos anos sessenta e setenta não reconhecem de modo algum esta nova situação. Ao contrário, redobram a aposta na potência de invenção, de proliferação, de diferenciação do ser. O negativo da destruição foi expulso do pensamento no momento em que o ser, com a produção total, é comparável a uma força "geológica" capaz de modificar a morfologia da terra, destruindo as condições de habitabilidade. A crítica do negativo se concentra na dialética hegeliana, e negligencia problematizar a negação absoluta empreendida pelo capitalismo. No momento em que o ser parece se enriquecer pela produção contínua de novas singularidades, ele se consome, se esgota, e é até ameaçado de extinção. Situação inédita de que a filosofia foge como da peste.

A identidade entre produção e destruição obriga a considerar sob uma nova luz as categorias de trabalho e de forças produtivas que se desejariam herdeiras da potência do ser. As guerras totais e a aceleração conjunta da ação do Capital, do Estado, da ciência/técnica e do trabalho tornaram inoperante a oposição marxiana entre forças produtivas e relação de produção, pois as *forças produtivas* são ao mesmo tempo *forças destrutivas*. No século XIX, o trabalho e sua cooperação, a ciência e a técnica pareciam constituir uma potência de criação aprisionada pelas relações de produção (principalmente a propriedade privada e o Estado que a garantia). Era preciso liberar-se das amarras dessas últimas para que elas pudessem desenvolver suas potências produtivas antes limitadas pelo lucro, a propriedade privada, as hierarquias de classes. Nas condições do capitalismo do pós-guerra total, é indecidível se o trabalho é produção ou destruição, já que ele é os dois ao mesmo tempo. Razão pela qual não pode haver nenhuma ontologia do trabalho. Razão pela qual as modalidades de ação política devem ser repensadas.

Lutas, recusas, revoltas, cooperações, atividades de "cura", solidariedades e revoluções estão sempre na ordem do dia, mas a ruptura com o capitalismo é ainda mais necessária, pois o que está em jogo é a própria vida da espécie, porém numa moldura radicalmente modificada pela existência da destruição, que é como a sombra emanada da produção.

De que modo o capitalismo foi pacificado*

O que devemos conservar das revoluções

Não era preciso ser Lenin para entender que a globalização, os monopólios, os oligopólios e a hegemonia do Capital financeiro iriam nos levar mais uma vez à alternativa entre guerra ou revolução, socialismo ou barbárie (a guerra é certa, enquanto a revolução é altamente improvável, dadas as condições dos movimentos políticos contemporâneos!).

A mesma situação era confirmada um século atrás! Embora de modo distinto, o colapso do Capital financeiro contemporâneo, salvo pela intervenção dos Estados, a fragmentação e a balcanização de sua globalização, a concentração ulterior do poder econômico e político para enfrentar as dificuldades da finança e do mercado global, produziram resultados análogos. Em termos técnicos, a guerra representa uma "catástrofe", ou seja, uma "mudança de estado". Não podemos prever o que vai acontecer, mas com certeza o velho mundo, o que conhecemos nos últimos cinquenta anos, está desmoronando (na realidade, já estava desmoronando há algum tempo!)

A guerra na Ucrânia tem suas raízes e suas razões nesses processos e não na autocracia ou na loucura de algum indivíduo. Tudo será decidido entre grandes máquinas estatais continentais de modo distinto do que ocorreu durante a primeira guerra mundial, na qual a revolução irrompia, graças à iniciativa dos bolcheviques, como ator determinante na transformação da ordem mundial, abalando os planos dos imperialismos em guerra para dividir o mundo. Para os revolucionários da primeira metade do século XX, o capitalismo era inconcebível sem as guerras entre Estados

---

*. O título é obviamente irônico porque é o capitalismo que nos pacificou, porém, nossas teorias contribuíram para isso.

e sem as guerras civis contra o proletariado, sem as guerras de conquista. Diferentemente do desânimo e da desorientação do nosso tempo, esse grande realismo político tinha permitido a eles de não serem pegos de surpresa, de não estarem despreparados no início da Grande Guerra.

O que nos falta é um ponto de vista de classe sobre as relações entre capitalismo – Estado – guerra que trata-se de reconstruir, apoiando-nos também nos revolucionários que fizeram e sofreram as guerras no século xx.

A guerra de conquista e de sujeição

Diferentemente do que pensam os economistas, mesmo os marxistas, o ciclo econômico começa com as guerras de conquista e de sujeição e termina com as guerras entre Estados (ou com a revolução). Isso é com certeza verdadeiro para o neoliberalismo, mas também era verdadeiro para o liberalismo clássico. O primeiro tinha que superar as contradições do segundo que levaram diretamente às catástrofes da primeira metade do século xx, mas em vez disso, ele está seguindo de modo servil os rastros de seu antecessor ao suscitar diferentes modalidades de guerra civil interna e de guerra entre imperialismos.

No capitalismo, a produção, seja material ou imaterial, afetiva ou desejante, cognitiva ou neuronal, sempre pressupõe a produção extraeconômica, extra-afetiva e extracognitiva das classes sociais. Antes de produzir mercadorias, é necessário tomar, apropriar-se, expropriar terras, populações, corpos, meios de produção e recursos com a força do Estado e dividir o que foi tomado. O capitalismo nasceu historicamente de uma tríplice conquista: a conquista da terra e dos camponeses na Europa, a conquista das mulheres (a caça às bruxas é o sinal da sujeição delas e da expropriação de seu saber), a conquista das "terras livres" do Novo Mundo, a conquista dos indígenas transformados em colonizados e dos africanos reduzidos a escravos. Sem essas guerras de conquista dos corpos, que dividem os vencedores e os vencidos em proprietários e não proprietários, nenhuma produção pode ser iniciada.

A expropriação da terra e dos meios de produção é acompanhada pela expropriação dos conhecimentos, da sensibilidade e dos afetos da comunidade. A guerra de conquista também é um "apocalipse cultural" (o "fim " dos vencidos). As duas operações têm de ser repetidas no início de cada ciclo de acumulação.

A impotência política atual é a consequência direta da exclusão das guerras da teoria política, exclusão que é, por sua vez, o resultado de outra exclusão: a das lutas de classe. É isso que une todos os diferentes conceitos de "produção" que, a partir dos anos sessenta, enriqueceram, ampliaram, contestaram e procuraram superar a teoria marxista: a economia libidinal (Lyotard), a economia dos afetos (Klossowski), o "discurso do capitalista" (Lacan), a produção desejante (Deleuze e Guattari), a biopolítica (Foucault).

Todas essas teorias parecem dar um passo teórico adiante (dado que o capitalismo também funciona com os desejos e os afetos, e os próprios desejos e afetos contribuem fortemente para a constituição das rupturas revolucionárias), enquanto dão dois passos para trás politicamente, pois contribuíram, no fundo, *para pacificar o capitalismo, separando-o das guerras e das lutas de classe.*

As elaborações contemporâneas da produção imaterial, cognitiva, neuronal e informativa da "divisão do sensível" dão continuidade a esse trabalho de despolitização que expulsa o caráter conquistador e belicoso da máquina Estado/Capital. O mesmo poderia ser dito dos vários feminismos que analisam as violências, mas não as guerras. O mapa das formas de exploração e dominação foi ampliado e especificado de modo notável em relação ao marxismo, ao passo que a guerra não é um objeto problematizado, e a consequência disso é que o debate sobre a "força" não é abordado a não ser sob as formas da autodefesa. Na realidade, é possível encontrar o conceito de guerra na multiplicidade das teorias feministas, com um foco especial à "guerra de conquista". O feminismo materialista francês e Silvia Federici atribuem uma posição central à questão da conquista e da sujeição: as mulheres são objeto de apropriação por parte dos homens do mesmo modo que os trabalhadores e os escravos foram "capturados" pela guerra de conquista da acumulação primitiva. Silvia Federici fala da "guerra às mulheres" como de um ato originário de apropriação que deve ser reiterado no início de cada nova fase de acumulação. Verónica Gago procura estender a pertinência do conceito de guerra para além da apropriação originária, demonstrando que, depois da vitória obtida sobre as mulheres, essa guerra de conquista é estendida aos trabalhadores e aos colonizados através de uma multiplicidade de violências que não "basta quantificar e classificar" porque ela se refere a uma estratégia de classe e de guerra.

"A noção de guerra possibilita a emergência de uma dinâmica conflituosa", muito mais do que "insistir nas patologias dos homens" e de que sejam evitados os discursos sobre os "crimes passionais", sobre a psicologia individual.

O capitalismo pressupõe aquilo que Foucault parece negar: uma dominação imposta à força que deve determinar oposições, polarizações e dualismos em matéria de trabalho, raça e gênero. A concepção de poder elaborada por Foucault se recusa a partir das condições reais do capitalismo, ou seja, da "divisão binária, global e massiva entre dominadores e dominados", privilegiando, ao contrário, uma "produção multiforme de relações de dominação", a codificação de "relações múltiplas de força".

As divisões entre proprietários e não proprietários, a dominação do homem sobre a mulher, do branco sobre o não branco, não são o resultado da produção mas seu pressuposto. Em seguida, esses dualismos irão se intensificar ou se enfraquecer em função do desenvolvimento das relações de força, mas eles continuam em jogo no entanto: o capitalismo deve necessariamente reproduzi-los e os dominados devem implodi-los a partir da multiplicidade que constitui as classes dos trabalhadores, das mulheres e dos colonizados.

A conquista dos corpos se articula no plano do mercado mundial e, fato muito importante que não é captado pelo eurocentrismo dessas teorias, se produz e *se estabiliza de modo distinto no Norte e no Sul graças à conquista da América*. No Norte, a consolidação do poder dos vencedores mobilizará o direito, o salário, o consumo e todos os instrumentos que as teorias dos anos 60 e 70 elaboraram (afetos, desejo, gozo, etc.) para integrar os vencidos. No Sul, em vez da institucionalização do trabalho, da integração através do *Welfare*, da ação através dos afetos e do "gozo" do consumo, são preferidas, pelo contrário, a violência colonial, a governabilidade através do racismo e a guerra civil permanente.

Essa violência distinta entre centro e periferia, que emergiu das guerras de conquista a partir de 1492, constitui a segunda condição política da produção.

A terceira condição é representada pelo "não dito" dessas teorias: as subjetividades só podem ser mobilizadas, as normas de poder interiorizadas, os afetos envolvidos de modo eficaz, depois que a luta em que estão engajados tiver produzido a separação entre vencedores e vencidos. A governabilidade que dá continuidade à guerra de conquista por outros meios só poderá agir sobre a subjetividade depois que esta for vencida, realizando o programa de Thatcher: a economia é apenas o método, o objetivo é capturar o espírito do indivíduo. Depois de ter conquistado o corpo por meio da força, ela precisa conquistar a alma mobilizando os afetos.

Nenhuma norma econômica, sexual ou racial pode se afirmar dentro de uma situação caracterizada por um alto nível de luta de classes. É necessário realizar uma normalização preventiva, tanto política quanto subjetiva, recorrendo a um uso da violência e da guerra civil que varia em função das circunstâncias. Somente nessas condições as normas e os afetos podem agir sobre os indivíduos, plasmando-os, construindo-os, sujeitando-os. Tanto a norma produtiva quanto a norma jurídica não são aplicáveis ao "caos", elas supõem "uma estruturação normal das relações de vida". Essa normalidade não é um "pressuposto externo que pode ser ignorado; pelo contrário, diz diretamente respeito à sua eficácia imanente".

Essas três condições, a saber, a divisão binária entre dominadores e dominados, a articulação de tais divisões no plano do mercado mundial e a normalização através da força que antecede a normalização por meio das normas e afetos, estão presentes no início de cada ciclo de acumulação.

As guerras civis e o neoliberalismo

A maioria das teorias críticas pensa a passagem das sociedades disciplinares às sociedades de controle, do fordismo ao neoliberalismo, da lógica "sacrificial" do "trabalho" à lógica "gozante" do consumo, da produção material à produção cognitiva, porém, elas não a explicam de fato. Na realidade, o que permanece enigmático é a própria transição, pois é nessa passagem que eclodem as guerras civis, as guerras de conquista e de sujeição e as guerras entre Estados como condição necessária do "novo modo de produção".

As lutas de classe sempre antecedem a produção, tornando-a possível através da integração das subjetividades derrotadas ao trabalho, ao consumo e à sociedade das normas. O neoliberalismo não escapa dessa genealogia do capitalismo.

Seu nascimento pressupõe uma violência exercida de modo diferenciado sobre todo o mercado global, dosada com base nas relações de força instauradas pelas lutas de classe e por sua intensidade. No Norte, a integração do movimento operário à máquina do Estado/Capital, iniciada no final do século xix, nunca correu o risco, depois da segunda guerra mundial, de se transformar em revolução, portanto, não foi necessário recorrer à força armada. Para a máquina Estado/Capital bastou reprimir as greves históricas na Inglaterra, Itália e Estados Unidos, infligindo finalmente uma derrota política pesada ao movimento operário, derrota cujo resultado foi uma subjetividade proletária vencida, forçada a obedecer e disponível às solicitações da governabilidade, obrigada a se adaptar às inovações tecnológicas, às novas formas de produção, ao novo mercado de trabalho, às novas normas de consumo.

A história do Sul, onde a revolução mundial havia criado raízes, é totalmente diferente. No Sul o neoliberalismo emerge de uma série de guerras civis na América Latina, organizadas diretamente pelos Estados Unidos, com milhares de militantes assassinados, torturados, desaparecidos, exilados. Só a destruição física das subjetividades revolucionárias pode impor a miséria "libidinal" do empreendedor de si mesmo, os afetos do "Capital humano", o "desejo" de ter acesso ao crédito para gozar da promessa de felicidade vislumbrada pelo consumo. A subjetividade se torna "disponível" depois de ser derrotada pela violência fascista.

A normalização tem pouco a ver com a narrativa hobbesiana, não se trata do resultado de uma guerra hipotética de todos contra todos, mas de uma guerra verdadeira e real entre classes, entre grupos sociais bem definidos, com objetivos e estratégias também bem visíveis e declarados ("a guerra dos ricos contra os pobres, dos proprietários contra quem não tem nada, dos patrões contra os proletários", diz Foucault). Na história do capitalismo, o que leva ao consenso não é a necessidade de segurança e proteção, a garantia de ter a vida salva se o poder for legitimado ao transferir os próprios direitos ao "soberano", mas em primeiro lugar o terror da repressão burguesa (a "semana sanguinária" da Comuna de Paris que antecipa a violência das guerras totais) ou uma derrota menos sangrenta, mas da qual se sai ainda assim submisso. *Não há contrato possível dentro do capitalismo ou, se ele for estabelecido, é entre vencedores e vencidos.*

As teorias críticas elaboradas nos últimos cinquenta anos reduzem o ciclo de acumulação a uma única fase, a fase "econômico-política" em que o poder dos vencedores se estabilizou ao tornar-se Estado administrativo, governabilidade, trabalho e consumo. Nós poderíamos definir essa fase de consolidação como a *belle époque*, na qual, assim como na fase anterior que havia levado à grande guerra, a expansão da produção e da produtividade parece proceder "pacificamente", como se tivesse superado e resolvido todas as contradições da acumulação capitalista.

O início e o fim do ciclo são eliminados lá onde as guerras e as guerras civis decidem quem manda e quem obedece, quem é proprietário e quem é expropriado, impondo a divisão internacional do trabalho, a organização sexual e racial do mercado global, produzindo uma subjetividade derrotada disponível (coagida) a obedecer.

A ideologia como narrativa

A simplificação extrema introduzida pelo "discurso do capitalista" (Lacan) pode ser útil para ilustrar a eliminação do conceito de guerra e das lutas de classe, assim como a ingenuidade com a qual é colocado em cena um capitalismo pacificado, que também nos permite ler o ciclo econômico de um ponto de vista particular, o do consumo e do capital financeiro que se tornou novamente hegemônico depois da carnificina produzida um século atrás.

No mundo descrito pelo discurso do capitalista, "tudo é possível", nada é proibido. A oferta ilimitada de mercadorias parece produzir um consumo cujo gozo é sem "lei", sem pai, sem o sentimento de culpa que, nos períodos anteriores de desenvolvimento capitalístico, reduzia o trabalho ao "sacrifício" e o consumo à moderação, incitando muito mais a poupar.

Liberados desses limites "protestantes", os consumidores teriam substituído os trabalhadores no centro da acumulação. Aquele "tudo é possível" parece corresponder à imagem de um Capital que não conhece limites e representar a nova ideologia e a nova antropologia do sujeito produtivo (eficiente, inovador, continuamente incentivado, assim como o Capital do qual ele é a máscara – precisamente "Capital humano" – a superar seus limites, que são meros obstáculos usados como padrão de referência para deslocá-los sempre para mais longe, ao infinito).

Ideologia perfeita do poder por ser sua melhor narrativa: ela separa o Capital do Estado, da guerra, das lutas de classe e celebra seu ser movimento incessante, produção contínua do "novo", mudança perpétua. Na realidade, esse devir fantasmagórico é vazio e só produz e reproduz a si mesmo. O niilismo da produção pela produção se encarna nos indivíduos submetidos à "mobilização total", herança do primeiro conflito mundial que levará, como está fazendo o neoliberalismo, à guerra, forma acabada do funcionamento niilista da máquina Estado-Capital.

Mas o "discurso do capitalista" parece não saber que não se compra o gozo com o salário, mas com o crédito: viver de crédito é a palavra de ordem do poder contemporâneo. Se os limites eurocêntricos que o condicionam são superados, é possível descobrir facilmente que o consumo/gozo foi imediatamente acompanhado, em todos os lugares do planeta, pelo par sacrifício/destruição imposto pelas políticas financeiras da dívida. A incitação ao gozo por meio do consumo e a ação que inibe, reprime, proíbe e culpa não se referem a dois modelos de relações de poder, mas coexistem, como comprovam todas as políticas da dívida.

Um "poder tolerante" (o neoliberalismo versão Pasolini, mas também Foucault, que o define literalmente desse modo) que "incita, induz e solicita" em vez de apenas "vigiar e punir", é uma ilusão típica da *belle époque* porque ele é temporário e seletivo (no Norte, mais do que no sul, com os brancos mais do que com os não brancos, com os ricos mais do que com os pobres, com os homens mais do que com as mulheres), porque é rapidamente destinado a se converter em seu oposto.

Inicialmente na África, em seguida na América Latina e no sudeste asiático, a dívida funcionou como uma arma de destruição em massa, colocando países inteiros de joelhos e impondo, a partir dos anos 80, a austeridade a todo o planeta antes de desembarcar na Europa. No Norte, nos países ricos, o "discurso do capitalista" é de curta duração, anos oitenta e noventa do século passado. A conjuntura se inverte rapidamente: as crises financeiras se sucedem até culminarem no *crash* financeiro de 2008. Mesmo nos Estados Unidos, origem da crise, e na Europa, o crédito dá lugar à dívida que obriga os mais pobres (perguntem isso aos gregos) a se sacrificarem porque são culpados de serem ávidos pelo consumo e pelo gozo aos quais foram incitados na realidade.

Em vez de um novo paradigma do poder centrado no gozo e no desejo, estamos confrontados a um *double bind* (duas injunções contraditórias) que ao mesmo tempo incita e reprime, solicita e proíbe, torna possível e destrói toda possibilidade, ou seja, estamos confrontados à racionalidade irracional do capitalismo.

Ao final da *belle époque*, digamos de 2001 em diante, são verificadas mudanças notáveis, visto que a transformação da guerra de conquista e de submissão, iniciada nos anos 70, em *produção, welfare, dominação racial e sexual*, tende a produzir, por sua vez, novas modalidades de luta de classes e subjetivações que rompem com essa armadilha do poder, o qual não tem mais condições financeiras de comprar o consenso. Ele investiu tudo para evitar o colapso do sistema financeiro.

Os Estados Unidos, que impuseram o modelo neoliberal a todos, são confrontados dramaticamente aos seus resultados: diferenças enormes de renda e patrimônio, ascensão do sexismo (leis que proíbem o aborto), do racismo (execuções de pessoas racializadas) e da extrema direita, que tentou até mesmo uma simulação de "insurreição". Certa vez os revolucionários disseram que o "fascismo é a guerra", e ele ainda é de fato o anúncio dela!

A partir de 2011, as lutas de classe se intensificaram com uma diferença Norte/Sul que decalca o que já havia se produzido no século XX: o modelo de mobilização das "primaveras árabes", que parte das praças e não mais das fábricas e escolas (apesar de greves muito duras o terem preparado), se difunde rapidamente pelo planeta, mas não se manifesta com a mesma força política na Europa e na América. Na América do Sul nasce um movimento feminista potente, mostrando o caminho para o Norte: a invenção de novas formas de luta (a greve feminista) que se difundem rapidamente de modo transnacional, apesar de ainda não terem a potência do velho internacionalismo operário. Os conteúdos do conflito e as modalidades de organização se difundiram, mas não com a mesma intensidade e energia política da América Latina. Pouco antes da explosão da pandemia, o levante chileno pôs um fim no primeiro experimento neoliberal, e durante a pandemia grandes lutas contra o racismo viram proletários de "cor" e brancos se mobilizarem juntos.

No Norte, quarenta anos de ideologia da mobilidade, da precariedade, da flexibilidade dos horários de trabalho, da diminuição dos salários e do fortalecimento das hierarquias do comando produziram uma recusa do trabalho que afeta todos os setores. "A grande demissão" nos Estados Unidos e "a grande deserção dos trabalhadores de temporada" na Europa, consiste na recusa, por parte de centenas de milhares de trabalhadores, dos *shit jobs,* mas também dos trabalhos qualificados, todos considerados sem sentido. Mas enquanto no Sul do mundo a retomada das lutas, a reconstrução dos movimentos, se dá a partir de formas de subjetivação coletiva que também usa a força e a revolta, a *great resignation* ou *grande démission* é um êxodo em massa do trabalho assalariado, constituído por comportamentos individuais que, mesmo dizendo respeito a milhões de pessoas, continuam limitados a gestos pessoais por enquanto. A recusa da exploração constitui sem dúvida uma ruptura radical com a "docilidade" recente da força de trabalho e o fundamento possível de uma ruptura mais compartilhada subjetivamente.

O que leva à guerra é também essa situação interna dos diversos imperialismos, sua impossibilidade de comprar a legitimidade e o consenso dos cidadãos com os postos de trabalho, o *welfare,* o consumo, porque a crise de 2008 quebrou o brinquedo neoliberal e não conseguem mais fazê-lo funcionar, e porque, como acabamos de dizer, começa a se manifestar uma "recusa" de ser comprado por pouco dinheiro.

Depois da crise financeira, uma enorme criação monetária mantém artificialmente vivo um sistema que, em vez de recomeçar, está desgastado. O ciclo econômico não apenas aprofundou as diferenças entre as classes, mas também entre os Estados, gerando uma grande instabilidade dentro da ordem mundial, motivo ulterior pelo qual a opção pela guerra se torna real. Os Estados que salvaram a máquina de lucro/poder se enfrentam numa competição que não é mais a concorrência neoliberal. A guerra que deu início ao ciclo está o concluindo agora, mas com uma violência multiplicada pela produção e pela produtividade desenvolvidas ao longo da fase de expansão do mesmo ciclo.

A economia desejante se transformou em economia de guerra, o discurso do capitalista se converteu num discurso belicista, a Inteligência Geral está se militarizando rapidamente, a esfera midiática colocou o capacete (nos estúdios e nos jornais) sem que nenhuma das novas teorias da produção seja capaz de explicar essa involução porque a guerra e sua relação com o capitalismo não fazem parte desses modelos pacificados.

As revoluções e a guerra

Estamos teoricamente desarmados diante da guerra.

Os segredos do funcionamento do ciclo econômico-político são conhecidos há pelo menos um século e meio. Os revolucionários do século XX estavam perfeitamente cientes disso. Os revolucionários podem ser criticados de diversos pontos de vista, mas ainda podemos recorrer às elaborações deles porque não é verdade que a globalização relegou o imperialismo ao ferro-velho do capitalismo. Claro, trata-se de um imperialismo diferente do imperialismo histórico, que age privilegiando os instrumentos monetários e financeiros, mas ele continua utilizando a expropriação de terras, a apropriação de riquezas (extrativismo), põe milhares de pessoas para trabalhar fora do salariado (o trabalho desvalorizado, gratuito ou mal pago), pratica guerras de rapina, de submissão, colocou a escravidão de novo na moda, propagando a corrupção por todo o planeta. O mesmo pode ser dito da neocolonização, que não repete as "glórias" do passado mas continua capturando riqueza (e talvez mais do que durante a última colonização) por meio de dispositivos extraeconômicos. Lenin associava a hegemonia do Capital financeiro à colonização. As novas modalidades da financeirização contemporânea correspondem às novas modalidades da colonização.

Globalização não quer dizer muita coisa. Na realidade, para chamar as coisas por seu nome, trata-se da acumulação do Capital em escala mundial composta pela atividade de diferentes máquinas Estado/Capital, cada uma com a sua autonomia e soberania, embora relativa, que não convergem em um Capital e em uma governança mundial, mas perseguem políticas e finalidades muito diferentes, embora todas a partir de um mercado único. Por exemplo: os Estados Unidos pensavam a China como sua filial industrial para o fornecimento de bens a preços baixíssimos a fim de manter os salários americanos baixos. Sob a mesma industrialização, o Estado chinês e o partido comunista têm um ponto de vista radicalmente heterogêneo à lógica americana (fazer da China uma potência econômica e política, tirar milhões de chineses da pobreza, etc.).

Como um século atrás, os Estados continentais contemporâneos lutam para impor seus interesses e hegemonia para se apropriarem de recursos materiais e humanos, para enfraquecer ou submeter os concorrentes dentro de uma lógica que não sabemos definir de outro modo a não ser como imperialista. Portanto, os revolucionários do século xx ainda têm muito a nos ensinar acerca da guerra e da paz, do Estado e do Capital, do mercado mundial e das estratégias para abater essas máquinas imperialistas.

Não se trata de um retorno a um "marxismo-leninismo" impossível e indesejável, mas à questão da guerra e do capitalismo, seu ponto de vista supera de longe as teorias contemporâneas que, depois de terem expulsado a guerra, limitam-se a afirmar um "não" genérico quando a guerra volta a ocupar o centro da política.

Os movimentos políticos pós-68 eliminaram as revoluções de seu horizonte, como se tivessem interiorizado a ideologia dominante segundo a qual elas eram meras aventuras homicidas desnecessárias a partir do momento em que a mesma coisa poderia ter sido obtida através da democracia.

A primeira coisa a ser conservada das revoluções do século xx é sua visão do capitalismo: a máquina capitalística é inseparável do Estado, e a guerra, a indústria bélica e o militarismo fazem parte dela para todos os efeitos. A sociedade se divide em dominantes e dominados segundo uma lógica de classe, resultado de uma guerra de conquista dos corpos e de formação das classes. As lutas que daí derivam são uma guerra civil mais ou menos latente que pode, e deve para eles, se transformar numa guerra civil.

Para os revolucionários, era óbvio que o capital, o Estado e a guerra constituíam um *continuum* mortal. Engels considera que a guerra sempre estará em pauta até que o capitalismo prospere. Ao invés de trazer a paz, a sociedade industrial tornará a guerra ainda mais devastadora. Em 1895, ele alertava para a catástrofe que estava se anunciando: "uma guerra mundial de um horror inaudito e com consequências incalculáveis".

A única coisa que a eclosão do conflito entre imperialismos em 1914 fez foi confirmar em grande escala o que já se sabia, acabando com todas as ilusões sobre o desenvolvimento pacífico da produção: "A guerra é a companheira inevitável do desenvolvimento capitalístico e o militarismo é seu produto" (Lenin).

Antes de ser produção, o capitalismo é uma luta entre classes cujo conflito inconciliável acaba em luta armada entre Estados ou na revolução. Não captar na "paz" da produção capitalística as condições da guerra era considerado política e teoricamente irresponsável.

> Quem não vê que a luta de classes leva inevitavelmente ao conflito armado é cego. Mas não menos cego é aquele que não vê toda a política anterior das classes em luta por detrás do conflito armado e seu êxito (Trótski).

Os revolucionários recorrem à fórmula de Clausewitz, a guerra é a continuação da política, não a sua interrupção, como acreditam quase todos nesse período: é preciso que as armas sejam silenciadas e se retorne à política, mas justamente a *guerra é uma política que dá continuidade ao conflito inerente às relações de poder dos tempos de "paz"*. A política que continua na guerra não é apenas a guerra dos Estados. Como todas *as guerras globais, a guerra na Ucrânia é uma concentração e uma articulação de guerras entre Estados, guerras neocoloniais e neoimperialistas, guerras nacionais, guerras contra as mulheres, contra os racializados, guerras contra os trabalhadores*. Os revolucionários leem a fórmula de Clausewitz desse ponto de vista.

A relação de classe já tinha sido interrompida em sua versão reformista (pacto social capital/trabalho que só existia no Norte) pelo neoliberalismo, que havia organizado uma governabilidade autoritária que favoreceu imediatamente o florescimento de novos fascismos, a extinção progressiva da democracia e a instauração de um Estado de emergência que se tornou a normalidade porque a exploração operada pelo modelo de acumulação criava todas as condições para uma guerra civil, que é uma das razões que levaram à guerra.

As posições de Foucault, que descreveu essa governabilidade de modo absolutamente pacificante, sendo arrastado pela *intelligentsia* "revolucionária", entre 1971 e 1975, faziam ecoar, ao contrário, um debate que havia atravessado os movimentos pós-68. Suas posições à época pareciam próximas do marxismo e do pensamento dos revolucionários: "A guerra civil é a matriz de todas as lutas de poder, de todas as estratégias de poder e também, consequentemente, a matriz de todas as lutas sob e contra o poder".

Diferentemente de nós, os militantes do início do século não teriam ficado surpresos com o que está acontecendo na Ucrânia, pois Estado, Capital e guerra constituem a dinâmica do capitalismo dentro do mercado mundial, constituem sua máquina política independentemente do desenvolvimento das forças produtivas (materiais, cognitivas, desejantes, digitais, etc.).

"Normalmente as guerras entre os Estados capitalistas são um efeito de sua competição no mercado mundial, porque cada Estado procura não apenas garantir para si determinados mercados, mas conquistar novas regiões, a servidão de povos e países estrangeiros sendo de importância capital", dizia Lenin.

O armamento é uma necessidade política que deriva diretamente do imperativo de submeter as classes internas "perigosas" (guerra civil) e de vencer a competição entre poderes estatais (guerra interestatal) externos. "Em toda sociedade de classe – seja ela baseada na escravidão, na servidão ou, como hoje, no trabalho assalariado –, a classe dos opressores está armada", segundo Lenin.

Rosa Luxemburgo diz que o militarismo "acompanhou todas as fases históricas da acumulação". Ele desempenhou um "papel decisivo na conquista do novo mundo", em seguida serviu para submeter "as colônias modernas e para destruir as organizações sociais primitivas", para introduzir "o vínculo das trocas comerciais em países cuja estrutura social se opõe à economia de mercado e para transformar os indígenas em proletários", para "extorquir concessões ferroviárias em países atrasados e fazer valer os direitos do Capital europeu nos empréstimos internacionais". O militarismo também é "uma arma da concorrência" entre países capitalistas e, por fim, "do ponto de vista econômico, ele é para o Capital um meio privilegiado de realização da mais-valia, em outras palavras, ele é por isso mesmo um campo de acumulação", mas pode se tornar, por sua vez, o motor da acumulação (keynesianismo de guerra).

O ponto de vista deles permite captar em tempo real, entre o final do século xix e o início do xx, as mudanças profundas que afetam o capital, o Estado e a guerra. Esta última se torna "total", "industrial", "imperialista", ao passo que a guerra civil europeia se transforma em "mundial" e anticolonial: depois de entrarem na batalha, os "povos oprimidos" constituem a grande novidade que terá consequências epocais. Coisa extraordinária, eles elaboram novas estratégias e táticas de luta que levarão às primeiras revoluções vitoriosas dos oprimidos na história humana. Enquanto a máquina de guerra Estado/Capital desencadeia uma violência destrutiva e autodestrutiva sem precedentes, as revoluções passam, ainda hoje de modo surpreendente, à ofensiva e a estabelecem em todo o mercado mundial há muito tempo.

O militarismo e o ciclo econômico

Voltemos de modo mais amplo à função do militarismo porque os economistas contemporâneos, mesmo os marxistas, se dedicam ao estudo da produção, comunicação, cooperação, bens comuns imateriais e informáticos, mas ignoram a importância da indústria bélica para o funcionamento do capitalismo, outro sintoma de como ele foi pacificado.

O "keynesianismo militar – que consiste numa política em que os gastos militares geram receitas fiscais superiores aos impostos recolhidos para financiá-las – não nasceu no século xx", segundo Giovanni Arrighi. O militarismo é um elemento essencial da máquina produtiva e política desde o seu nascimento: "o capital, o Estado e o militarismo se combinam, reforçando-se uns aos outros num círculo virtuoso de riqueza e de lucro", que é ao mesmo tempo círculo vicioso porque a produção acabará, justamente por causa da importância crescente da guerra industrial, tecnológica e nuclear, coincidindo com a destruição. Depois da conquista da América, a Europa tinha mergulhado num ciclo de conquistas coloniais e de desenvolvimento que se autoalimentava: "sua organização militar sustentava a expansão econômica e política antes de ser sustentada, por sua vez, por esta última às custas de outros povos e comunidades da terra".

Ao saquear as colônias, o aparelho econômico militar se apropriava à força dos recursos necessários para o crescimento, e as receitas fiscais e comerciais alimentavam, por sua vez, a corrida armamentista. A supremacia europeia sobre os outros povos se devia essencialmente a uma superioridade tecnológica que se materializava no campo militar.

A partir da primeira guerra mundial, o militarismo e a indústria bélica se tornam ainda mais centrais dentro dos ciclos econômicos, como ensina Michal Kalecki, economista da escola luxemburguesa que Joan Robinson definirá como o inventor da "Teoria geral" antes de Keynes. A chave de seu trabalho ("a divergência entre a tendência ao desenvolvimento das forças produtivas e a capacidade de absorção do mercado") é a mesma que encontramos em Rosa Luxemburgo. Contra todo economicismo, ele desenvolve uma concepção importante e original do "ciclo político" do capital ("o instinto de classe" sugere aos capitalistas que "a disciplina dentro das fábricas e a estabilidade política são mais importantes para os capitalistas do que os lucros atuais"), no qual a indústria bélica desempenha um papel determinante.

A acumulação se transformou de modo notável em relação à época de Marx porque o Capital perdeu sua "vitalidade natural". Por um lado, ele tem a necessidade de uma intervenção contínua do Estado, por outro, é limitado em sua "espontaneidade" pela luta de classes e sobretudo pela revolução. Segundo Kalecki, "o crescimento dos gastos militares não acompanhado por impostos tem um efeito sobre o desenvolvimento" similar aos investimentos em Capital "produtivo", podendo funcionar como estímulo do ciclo econômico.

Entre as duas guerras mundiais, os capitalistas eram contrários aos experimentos iniciados para garantir o pleno emprego baseado em "gastos estatais financiados em déficit", mesmo se o nível mais alto da produção e do emprego, garantido pelas novas políticas econômicas, tivesse proporcionado lucros crescentes para eles. Isso fortalecia demais a classe operária: os patrões raciocinam política e estrategicamente, não apenas a partir do lucro.

"A subvenção do consumo de massa (por meio dos cheques familiares, dos subsídios voltados para a redução do preço dos artigos de primeira necessidade, etc.) minava 'um princípio moral' da maior importância: as bases da ética capitalística exigem que 'você ganhe o pão com o suor do seu rosto' (pelo menos que você não viva das rendas do capital)".

A aversão a financiar o consumo através do gasto público era generalizada, menos na Alemanha nazista onde ela foi superada por meio da "concentração dos gastos estatais com armamentos". Durante o nazismo, "os investimentos públicos não são tanto um meio quanto um fim, pois possuem características essencialmente militares". A absorção do aumento da produção geral por parte da indústria bélica evita (ou reduz) um aumento do consumo e, com isso, da força dos trabalhadores.

Financiado com o crédito, o pleno emprego vai se impor depois da segunda guerra mundial, mas somente por um breve período. Já nos anos 70 tem início seu desmantelamento porque, "sem a ameaça do desemprego, os trabalhadores se tornam 'recalcitrantes' e os 'capitães da indústria' ficam ansiosos para 'dar uma lição neles'".

O consumo (como no "discurso do capitalista", mas sem sua lógica desarmada e desarmadora que só capta uma pequena parte do problema) desempenha um papel central no ciclo do pleno emprego e os gastos militares funcionam como seu instrumento de regulação. O período de 1937-1955 compreende a "guerra mundial, a reestruturação e um novo ciclo de rearmamento gigantesco". Durante esse período, através da "militarização da economia americana", o crescimento da cota do grande Capital na renda nacional foi "absorvido pelo rearmamento" em detrimento do consumo. A lição nazista é rapidamente integrada pelas democracias. A segunda guerra mundial e o genocídio hitleriano, "que foram, em certa medida, o coroamento da conjuntura gerida por meio dos armamentos", não são mais necessários por enquanto.

As políticas do pleno emprego são favorecidas pela conjuntura econômica "bastante elevada, da qual um dos pilares foi o rearmamento da OTAN", cuja militarização da Alemanha federal foi uma peça essencial. As exportações da república federal são em grande medida dependentes dos gastos com armamentos de outros países, que estão todos desenvolvendo uma indústria bélica. Os ingleses esperavam que o rearmamento da Alemanha "tivesse paralisado suas exportações de maquinarias e lhes permitido se apoderar de uma parte do mercado alemão". Em vez disso, a Alemanha colocou as próprias ordens militares no Reino Unido sem enfraquecer a exportação de máquinas, sem perder seus mercados e obtendo "concessões políticas importantes" por meio da melhora do equilíbrio das contas britânicas graças a seus gastos militares.

Em 1961, Kalecki resume a função da indústria bélica no pós-guerra do seguinte modo: "A militarização da Alemanha federal é a estrutura que sustenta sua política, que fomenta a tensão internacional fora e sufoca a luta de classes dentro do país. E estes dois efeitos abrem, por sua vez, à expansão das exportações da república federal".

A modalidade específica de militarização da Alemanha será a base de seu renascimento industrial e terá, dez anos depois, um papel determinante na decisão dos Estados Unidos de lançar uma nova globalização porque, com o Japão, eles continuam a tirar suas fatias de mercado.

Retomando uma categoria de James O'Connor em seu livro *Fiscal crise of the state* de 1973, Arrighi define o *welfare state* do pós-guerra como *warfare-welfare state*, ou seja, como a implementação de um keynesianismo militar e social em escala mundial: "os enormes gastos necessários ao rearmamento dos EUA e de seus aliados e a instalação de uma imensa rede de bases militares foram sem dúvida alguma o elemento mais dinâmico e mais visível" do milagre econômico. Geralmente é ressaltada com ênfase *a natureza "welfare" dos gastos estatais, mas se silencia acerca de sua natureza "warfare"*.

Uma grande parte desses enormes investimentos militares foi investida pelo exército americano na pesquisa científica, na inovação tecnológica e no desenvolvimento das ciências sociais.

Depois da grande guerra, longe de desempenhar um papel subalterno ao capital, o Estado é a força que o dinamiza, financia, fornece a ele as inovações e os métodos de produção. A *big science* nasce como projeto para a "segurança nacional" durante a segunda guerra mundial, consolidando-se como instrumento do imperialismo americano depois. O estado desempenha um papel central não só como detentor legítimo do monopólio da força, mas também como megaempreendedor inovador a partir do armamento.

Num belo livro (*Aux sources de l'utopie numérique. De la contre-culture à la cyberculture*),[1] F. Turner demonstra como o Exército americano e o pentágono inventam a *big science* ou uma nova organização do trabalho, partindo da cooperação entre os cientistas para a produção de armamentos cada vez mais sofisticados.

A *big science* "foi forjada em cima da necessidade de adaptar um método sistêmico global para desenvolver armas, capaz de considerar homens e máquinas como elementos combinados de um aparato de combate excepcional". Os métodos de produção da ciência progridem no ritmo das guerras no Sul (Coreia, Vietnã, Argélia): "embora hospedados e financiados por uma burocracia

---

1. *Nas fontes da utopia digital. Da contracultura à cibercultura.* [N. T.]

invasiva, essas equipes (de cientistas ou financiados em sua universidade pelo Pentágono ndr) não funcionam baseadas em critérios estatutários ou de nível, elas trabalham, ao contrário, dentro de uma estrutura social sem uma verdadeira hierarquia".

A transgressão das barreiras disciplinares e profissionais é o segredo desse método: "as pressões feitas para a produção de novas tecnologias de guerra levarão esses especialistas a contornar as fronteiras de sua profissão, a misturar trabalho e prazer e a constituir novas redes interdisciplinares dentro das quais eles trabalham e vivem". Wiener, o pai da cibernética, chama a atenção para o fato de que a comunidade científica sempre tinha sonhado com essa organização que integra trabalho e vida, trabalho e prazer (outras características que costumam ser atribuídas ao *management* pós-68) e que a guerra a realizou. "Estávamos de acordo sobre essas questões muito antes de ter podido designar o campo comum das nossas investigações [...]. A guerra decidiu sobre a natureza no nosso lugar".

Durante a guerra, outra mudança fundamental é gerada pela cooperação entre cientistas e empresa sob o controle e a supervisão do Estado/exército: a transformação da figura do cientista em empreendedor. Na tensão da guerra, "cientistas e engenheiros aprendem a agir como chefes de empresa".

Em seguida, essa organização do trabalho será transmitida pelo Estado ao setor privado, que nada mais fará do que aperfeiçoá-la. Depois de liberados de sua "filiação militar ou mesmo governamental", conhecimentos, experimentos e métodos "apareceram aos olhos de todos como motores culturais e econômicos", como se tais forças fossem o resultado de um desenvolvimento natural, imanente à ciência. É a partir desse momento que começa a ser construída a narrativa (ideológica) do empreendedor individual, inovador genial, confiante no mercado e cético em relação a tudo que parece ter origem estatal, capaz de correr riscos inventando o laptop na própria garagem. O Vale do Silício não é o fruto do espírito de iniciativa dos empreendedores finalmente liberados da burocracia, mas de cinquenta anos de enormes investimentos públicos geridos pela estrutura mais hierarquizada, disciplinar e destrutora que já existiu: o exército americano. Ainda hoje os investimentos do Pentágono são o dobro dos investimentos efetuados pelo grupo GAFA.

Os cientistas que criaram e deram impulso às tecnologias cibernéticas e informáticas não eram ingênuos. Eles tinham perfeitamente consciência de que suas pesquisas dependiam estreitamente da guerra e dos financiamentos militares. Em 1950, Wiener previa que as novas máquinas cibernéticas teriam sido criadas num espaço de tempo de dez ou vinte anos, a não ser que "mudanças políticas violentas ou uma outra grande guerra" acelerassem seu emprego.

Com o fim do pleno emprego, os armamentos se tornam ainda mais importantes para reabsorver o aumento da produção uma vez os salários congelados. Eles aumentam vertiginosamente há anos e com a guerra atual superam um outro limiar, dando um golpe mortal no modelo do *welfare*, cuja destruição é o objetivo perseguido dos anos 70. Os pacifistas que agitam a palavra de ordem do desarmamento não se dão conta de que o que estão pedindo é o desmantelamento puro e simples do próprio capitalismo, porque sem a indústria bélica ele desmorona, sem os investimentos em armamentos ele estagna. Impor o desarmamento não é uma política pacifista, mas inaugura uma revolução que, em todo caso, "não é um jantar de gala".

Para terminar essa parte sobre a guerra de conquista ou de sujeição, é necessário voltar a Marx. O liberalismo deve eliminar a verdade segundo a qual a constituição violenta das classes precede e torna possível a produção, invertendo a ordem do processo. Para o pensamento liberal, a apropriação e a divisão são questões que devem ser postas depois da produção. Os economistas dizem: primeiro fabricamos o bolo e só depois poderemos nos apropriar dele e dividi-lo. O aumento da produção e do consumo garantidos pelo desenvolvimento capitalístico resolverá a "questão social". A experiência demonstrou que, seja qual for o crescimento da produção e da produtividade, as divisões de classe, a distribuição da riqueza e da miséria, a concentração da propriedade e do poder político, a apropriação dos corpos e a expropriação dos saberes não apenas se reproduzem, mas se intensificam.

As novas teorias da produção, assim como a teoria do "comum", não escapam dessa ilusão liberal porque operam uma inversão parecida: a produção do comum já em curso, fundada ontologicamente, conteria em si mesma novos princípios de "apropriação e divisão", sem ter de passar pela "expropriação dos expropriadores". Essa palavra de ordem de Marx ainda é válida e significa anular o êxito da guerra de conquista que havia sujeitado mulheres, operários e colonizados e pegar de volta o que foi "saqueado"; reapropriar-se da terra e dos meios de produção (da época da acumulação primitiva e da época industrial), da riqueza capturada pela finança (da época neoliberal), e sobretudo reapropriar-se dos corpos sujeitados (de cada época). Essas são as condições subjetivas e objetivas da revolução. Sem essa premissa, a produção, seja ela afetiva, cognitiva ou do comum, nunca mais poderá ser subjetivada, mas apenas expressar impotência.

Michel Foucault: acerca de uma reviravolta sobre a guerra civil

A afirmação da vontade como princípio estratégico

Vejamos mais de perto agora como as teorias críticas tratam o problema da guerra. Se nos anos sessenta e setenta a guerra ainda está presente, embora de modo marginal, nas teorias que foram elaboradas durante os longos anos da contrarrevolução, a guerra praticamente desapareceu. Nos textos de Rancière e Badiou, que ocuparam o espaço da teoria política dos últimos vinte anos, assim como no feminismo e na ecologia, a guerra e as guerras não são explicitamente tematizadas a não ser de modo conjuntural. Essa é uma grande diferença em relação ao pensamento revolucionário, sintoma que deve ser questionado porque poderia nos revelar os limites dos conceitos e práticas políticas contemporâneas.

A posição de Foucault em relação à guerra está entre as mais interessantes porque o filósofo se confronta diretamente com ela. Seu ponto de vista sobre a guerra evolui ao longo dos anos. No início, ele faz dela o modelo para a compreensão das relações sociais para depois abandoná-la. Porém, se ele recusa a guerra como modelo, ele quer conservar o ponto de vista estratégico como princípio de inteligibilidade das relações entre forças. Posição única e original entre todas, mas que desvaloriza e menospreza a tradição estratégica revolucionária (Lenin, Trótski, Luxemburgo, Mao, Giáp) do século xx, a única capaz de se colocar à altura de um Clausewitz, prolongando e inovando de modo radical seus conceitos que, no general prussiano, só são pensados do ponto de vista do Estado.

O uso que Foucault faz da guerra parece seguir a evolução dos movimentos políticos: no início dos anos setenta, na onda de 68, ele adota o modelo da guerra civil permanente como método para entender as relações de poder: "A guerra civil não está numa relação de exclusão com o poder", ela "é realizada no teatro do poder", coincidindo com suas instituições e sua gestão. "Só há guerra civil dentro do elemento político constituído". Seu trabalho consiste em mostrar o jogo entre "uma guerra civil permanente e as táticas que se opõem ao poder".

Mas muito rapidamente, entre 1975 e 1976, ele rejeita a guerra como instrumento de análise das relações de poder e adota a biopolítica e a governabilidade, técnicas que se impõem como principais dispositivos de gestão do neoliberalismo, no mesmo momento em que os movimentos políticos nascidos entre os anos sessenta e setenta entram em declínio. A pacificação teórica corresponde à pacificação política. A ordem da máquina Estado-Capital se instala.

O poder não seria tanto "da ordem do confronto entre dois adversários [...] quanto da ordem do governo". Uma relação de poder é "um modo de ação que não age direta e imediatamente sobre os outros mas sobre a ação deles", ação sobre uma ação (governo político), e não ação sobre o corpo (violência).

A relação de poder perde sua violência natural para ser reduzida exclusivamente à "solicitação, incitação e impulsão" que agem pacificamente sobre a "subjetividade" ou, segundo um outro léxico, um afeto que age sobre outro afeto.

Quando Foucault dá seu seminário sobre o neoliberalismo, as guerras civis na América Latina, que instalaram governos em que militares e economistas neoliberais se sentam lado a lado, ainda estão vivas na memória de todos. Se ele não fala da violência armada que permitiu o início do primeiro laboratório do neoliberalismo, não é porque ele não tinha lido os jornais, mas porque a violência armada e o consenso não definem o princípio e a natureza do poder. Em sua forma contemporânea, perfeitamente encarnada pelo neoliberalismo segundo Foucault, o poder "é ação sobre ações possíveis, ou seja, ação que possibilita ou impossibilita, que facilita ou dificulta".

O caso da América Latina demonstra, pelo contrário, que sem a força o poder não teria nenhuma possibilidade de solicitar, induzir e incitar uma subjetividade em revolta, movida por desejos diferentes dos desejos de trabalhar, consumir e tornar-se um "Capital humano".

Os afetos sem a força são impotentes e a força sem os "desejos" não dura.

Para que a governabilidade possa agir é necessário que a experiência revolucionária seja eliminada. A subjetividade que se envolvia na experiência revolucionária pôde fazer várias constatações: primeiro, de não ter mais "medo" (afeto cardinal para a sujeição ao poder moderno a partir de Hobbes); segundo, de não ter necessidade de "esperar" (afeto inverso do medo que constitui, de qualquer modo, sua outra face solidária), mas antes de tudo de ter fé no "presente" do movimento revolucionário; terceiro, de não ser um "indivíduo" mas fazer parte de uma classe (de trabalhadores, de mulheres, de racializados) que luta contra esses dualismos para desenvolver uma multiplicidade que não é a soma das individualidades. Ela também descobriu que o desejo não é uma propriedade do indivíduo, um atributo dele, mas que ele vai além, excedendo o sujeito não em direção ao inconsciente, mas àquele mundo "desconhecido" que a revolta fez emergir e que se trata de atravessar.

Se o neoliberalismo deve "produzir" a liberdade do indivíduo, a disponibilidade para agir movido pelos afetos e paixões da produção e do consumo, é necessário que a multiplicidade que se desdobrou como movimento revolucionário seja reduzida a um conjunto de indivíduos e que o medo/esperança retorne por trazer consigo a hierarquia, a culpa, a solidão, a responsabilidade individual, a impotência. Depois de ter triunfado, o primeiro objetivo da governança é apagar a memória dessa outra socialização encarnada pelos movimentos revolucionários.

Nietzsche explica a genealogia do poder, da qual Foucault parece se afastar, através da mesma sequência que adotamos: um poder "inicialmente conquistador, em seguida dominador (organizador) – regula aquilo que ele doma para *sua própria* conservação e para a qual conserva aquilo mesmo que doma".[1]

Seria possível demonstrar com Nietzsche, mas também com Hegel, que a socialização dos vencidos operada pelo poder conquistador que se tornou dominador não é redutível à alienação impotente ou à "servidão voluntária".

"Sob o choque dos golpes de martelo" da guerra de conquista, "uma prodigiosa quantidade de liberdade" tinha desaparecido para passar "ao Estado latente" na interioridade do vencido. Seu "instinto de liberdade que se tornou latente através da violência" está pronto para emergir novamente, de modo diferente, quando as condições políticas estiverem reunidas para convertê-los em conquistadores.

A resistência da "subjetividade vencida" começa no primeiro dia da conquista. Ela conserva a derrota na memória como uma "cicatriz" (Adorno), uma ferida que não se cura, mas pronta para eliminá-la com a revolta e a revolução se as condições políticas permitirem. A "alma" da subjetividade vencida se divide, ao mesmo tempo submissa e rebelde, sujeitada e ingovernável, como nos contam todas as experiências das vítimas da conquista ou da derrota.

Violências e revoluções

A normalização do poder operada pela governabilidade é a continuação da guerra de sujeição por outros meios. No entanto, depois da consolidação do poder dos vencedores, os desejos, as paixões e as

---

1. A relação entre apropriação e sujeição, entre guerra de conquista e formação da "consciência" dos dominados, que se realiza por meio da violência e das paixões, foi conceitualizada e escrita de uma vez por todas, com letras de fogo, pelo mestre de Foucault, Nietzsche: a consciência pesada, alma do dominado cujos instintos "nômades, selvagens e livres [...] *não são liberados e colocados para fora*, mas se voltam para dentro ao invés disso", tem sua origem num "ato de violência". O Estado, "uma horda qualquer de rapinas loiras, uma raça de senhores e conquistadores que, dispondo de uma organização guerreira, submete uma população a uma forma estável até então sem forma e sem freios", colocando "sem hesitar suas formidáveis garras" nela. O Estado exerceu "uma tirania assustadora e uma opressão inexorável num momento em que a matéria-prima, o povo e os semianimais ainda não tinham acabado não apenas de se tornar maleáveis e dóceis mas também de terem se formado". Com uma violência parecida, a máquina moderna Estado/Capital confere uma forma específica às populações depois de tê-las conquistado, sujeitando-as enquanto classes.

pulsões suscitadas pela produção e pelo consumo, pelos diferentes dispositivos de regulação ou também pelas técnicas disciplinares ou biopolíticas, não bastam para governar os vencidos porque a exploração, a dominação sexual e racial sempre podem alimentar a revolta e as lutas de classe.

A governabilidade deve ser necessariamente acompanhada pela *transformação do uso da força exercida durante a conquista em uma panóplia de violências* sobre os vencidos (violência sexual, violência da exploração, violência policialesca, violência do cárcere, violência impessoal da expropriação financeira, violência racial, violência contra os imigrantes, violência da miséria, violência de todas as relações hierárquicas). *A violência é a individualização da guerra de conquista.*

Nos períodos de "paz", o Estado delega a violência não apenas à polícia, mas a uma série de grupos sociais que a exercem cotidianamente em defesa da propriedade, das divisões de classe e da supremacia branca e masculina.

A reprodução das relações de poder não se efetua apenas com os dispositivos institucionalizados ou através do trabalho, do *welfare*, da cidadania, mas passa também pelas formas de poder pessoal porque a obra de pacificação deve entrar nas menores brechas da sociedade.

O sistema das máquinas na fábrica precisa da violência "despótica" do patrão para funcionar. Nenhum automatismo teria a força para se impor sozinho. A apropriação das mulheres, transformada em "hábito" da heterossexualidade (outro tipo de automatismo), precisa da violência cotidiana do homem sobre a mulher para reproduzir a relação de subordinação. A supremacia branca exige um exercício contínuo da rejeição, do insulto, da suspeita e do assassinato, sem nenhuma diferença entre quem o exerce, polícia ou cidadão, como mostra de modo exemplar a América, ou melhor, as Américas.

Apesar da ação da produção, da moeda, do *welfare* e do direito, a divisão de classes não se reproduz sem uma carga de violência pessoal vigiada pela polícia.

Sem essa violência pessoal, difusa e generalizada, os dispositivos de sujeição não produziriam corpos dóceis.

Nunca existiu uma conservação da vida para todos (Hobbes), nem um crescimento da potência de vida para a população como um todo (Foucault), nem uma proteção da vida dos cidadãos sem discriminação. As vidas são selecionadas por meio das divisões de classe, gênero e raça. Certas vidas merecem ser conservadas, outras sacrificadas, certas vidas devem ser protegidas, outras expostas à violência.

A individuação à qual são submetidos os derrotados (tornar-se um sujeito) é antes de tudo uma individuação da guerra que se torna violência invisível exatamente por ser individualizada. A violência passa de um indivíduo a outro e tem a cara do cotidiano, do local, do familiar. Ela não tem o caráter espetacular da guerra, sendo, no entanto, sua mera transformação.

Frantz Fanon nos diz que, para lutar contra o exercício cotidiano da violência, é necessário reconhecê-la como individualização da guerra de sujeição, ou seja, politizá-la como expressão da divisão de classe (brancos e racializados). As violências são a transformação da força de apropriação dos corpos em exercício individualizado de dominação. A tarefa política é transformar as violências individuais sofridas em força coletiva e usá-las de modo ofensivo.

Entre as formas de violência que atingem a subjetividade, Fanon incluirá a violência semântica, a violência da palavra midiática, a violência psíquica dos afetos produzidos pela "rádio colonial" (que ordena, ameaça, insulta) sobre a alma do indígena submisso.

A ação da palavra sobre as minorias (raciais, sexuais) está no centro de um debate recente que a define como "palavra que fere", "discurso de ódio racista, sexista e homofóbico" que não se limita apenas a descrever, mas que gostaria de instituir através da palavra aquilo que o discurso de ódio enuncia. "O corpo pode ser alternadamente fortificado ou ameaçado pelos diferentes modos através dos quais a palavra é dirigida a ele", defende Judith Butler.

Os franceses desembarcaram na Argélia em 1830 com 150 mil soldados e a conquistaram assim como venceram os argelinos. Depois da conquista do corpo com as armas, os colonizadores queriam a conquista da alma em seguida. Uma vez imposta a sua "paz", a rádio é parte integrante das estratégias de sujeição adotadas pelo colonizador francês.

Na colônia, a "dicotomia social atinge uma intensidade incomparável", de modo que a voz da rádio é a "voz do opressor, a voz do inimigo". Trata-se de uma violência vivida individualmente, uma violência que todo mundo sofre por conta própria. "Qualquer palavra francesa recebida era uma ordem, uma ameaça ou um insulto".

Na Argélia, a rádio e seus afetos ("poderes sensoriais") e seus poderes "intelectuais" são objeto de uma recusa ("A palavra não é em nada recebida, decifrada, compreendida, mas recusada") inicialmente passiva que não visa subverter as relações gerais de força. "Não se trata de uma resistência organizada a vocês". A recusa da rádio e de suas informações não é a expressão "de uma resistência explícita, organizada e fundada", ela permanece individual.

Os afetos e a violência da rádio sobre a subjetividade emergem com força se analisados de um ponto de vista psicopatológico. "As monografias sobre argelinos pobres alucinados apontam constantemente vozes da rádio fortemente agressivas e hostis na dita fase de ação externa. Essas vozes metálicas, insistentes, injuriosas e desagradáveis possuem todas um caráter acusador, inquisidor em relação ao argelino".

A subjetividade vencida nunca é reduzida à "servidão voluntária". Desde o primeiro dia da conquista ela resiste, mas sob a forma dupla e simultânea da submissão e rejeição, pronta para socializar-se quando o "desejo" de liberação encontra, do ponto de vista estratégico, a força para derrubar a ordem dos vencedores.

Uma "verdadeira mutação" se produz dia 1º de novembro de 1954 com o primeiro chamado do FNL ao povo argelino, que marca o início da guerra de independência, e em 1956 com a abertura dos programas de rádio do exército da liberação ("A Voz da Argélia livre"). A "contestação do próprio princípio de dominação estrangeira induz mutações essenciais na consciência do colonizado, na percepção que ele tem do colonizador, em sua situação de homem no mundo".

Não sei se a declaração de guerra está dentro da categoria do performativo, com a qual se pretende criticar as "palavras que ferem" e "discursos que insultam". Porém, tenho certeza de que se trata de uma enunciação coletiva, um acontecimento que racha a história ao meio, determinando um antes e depois do dia 1º de novembro de 1954. O sujeito político não preexiste a essa ruptura, mas se constitui nela. A "mutação subjetiva" emerge de práticas e dispositivos políticos que são estratégicos porque nomeiam o inimigo, politizam suas violências como violências de classe, fazendo com que emerjam como modalidade da guerra colonial e mostrando como combatê-las. A emancipação em relação à violência pessoal, cotidiana e generalizada do colonizador não pode se limitar à autodefesa, pois passa necessariamente pela "expropriação dos expropriadores", ou seja, pela derrubada do êxito da guerra de sujeição.

A resistência organizada impede e acaba com o funcionamento da violência "individual" colonialista. Na guerra revolucionária, o colonizado se torna sujeito ativo, mesmo não participando diretamente da organização política, dado que a rádio o inclui em "uma comunidade em marcha" da qual ele se sente "ator".

A recepção das informações não é mais pessoal, não é mais feita no isolamento e no medo, pois acontece dentro de uma "comunidade", de um "corpo social" do qual o ouvinte é um participante ativo. "À verdade do opressor rejeitada por um tempo como mentira absoluta é oposta finalmente uma outra verdade agitada". Para se tornar um "guerrilheiro" da informação, é necessária uma ruptura e uma máquina política que divide não apenas a informação, mas a sociedade.

Fanon também constata uma transformação radical do ponto de vista psicopatológico. Nas psicoses alucinatórias, "as vozes da rádio se tornam protetoras, cúmplices. Os insultos e acusações desaparecem dando lugar às palavras de incentivo". Fanon imputa muitas dessas patologias produzidas pela violência não à máquina técnica da rádio, mas à máquina de guerra do colonialismo e trabalha para a construção de uma organização revolucionária, à qual cabe a tarefa senão de curá-los, pelo menos de modificar o ambiente para torná-lo favorável a uma evolução positiva da psique ferida. "Cada argelino se sente convidado e quer se tornar um elemento da vasta cadeia de significantes que nasceu da batalha liberadora".

A passagem da violência "micropolítica" individualmente sofrida à dimensão da organização coletiva produz as condições para uma mutação subjetiva porque permite atacar, tomar a iniciativa de decidir o terreno do confronto, rompendo com o tempo da sujeição individual e das práticas unicamente defensivas, fazendo o medo migrar para o campo oposto. A defesa ou autodefesa nada mais são do que uma das formas praticáveis de luta. As vozes ofensivas e ameaçadoras não são mais ouvidas porque existe a possibilidade real de reverter a sujeição em subjetivação política através de práticas e estratégias coletivas. A normalização que produz não apenas violência mas também a crença na governabilidade como organização do equilíbrio (Foucault diz homeostase) entre autonomia e controle dos sujeitos econômicos, entre imperativos econômicos e capacidade de fazer a vida crescer, entre potencialização da força dos sujeitos e sua contenção, foi catastrófica. Em sua pretensão de ser algo a mais do que precário e temporário, esse equilíbrio é uma ideologia que o poder conta sobre si mesmo porque está destinado, pelo contrário, a implodir. Depois de ter abandonado a guerra civil de apropriação e sujeição dos corpos através da qual as classes foram formadas, Foucault não dispunha mais dos meios para entender essa impossibilidade. A guerra de conquista das mulheres, dos operários e dos escravos impõe um equilíbrio entre proprietários e não proprietários, entre dominadores e dominados, que a produção que vem a seguir só fará aumentar ao invés de diminuir. Apesar do equilíbrio entre a multiplicidade de centros de poder, dos dispositivos disciplinares e biopolíticos, da ação das agências estatais e não estatais, o neoliberalismo *fará as diferenças de classe, o racismo e o sexismo explodirem, fará o fascismo ressurgir,* convertendo a "tolerância das minorias" enunciada em *Nascimento da biopolítica* em ressentimento contra os pobres, os perdedores e ineficientes, todas as minorias. Aqui residem contradições insolúveis que, mais cedo ou mais tarde, só poderão acabar em guerra, como bem sabiam os revolucionários.

A vontade e o princípio estratégico

Foucault abandona o modelo da guerra pela governabilidade, mas não é necessário exagerar demais a importância da sua teoria da guerra, pois entre 1971 e 1975, ele só se ocupa com dois tipos de guerra, a "guerra das raças" e a guerra civil do século xix, ou seja, duas guerras que antecederam a Comuna de Paris. Ele nunca se confrontou com as mudanças introduzidas pelas guerras mundiais, com as novas formas de integração da sociedade ao Capital e à economia de guerra que o primeiro conflito mundial realiza, a não ser em uma aula sobre o nazismo. E, mais importante ainda, ele nunca analisou as guerras civis que as lutas de classe impõem ao imperialismo em todo o planeta, negligenciando as grandes inovações que os revolucionários impõem à estratégia e à tática do estrategista militar mais importante da modernidade europeia, Clausewitz.

Foucault recusa a guerra e a guerra civil como matrizes do poder e quer conservar o método estratégico no mesmo. Uma estratégia em que "governantes e governados" se confrontam e estabelecem uma relação entre forças que já foi domesticada e que é exercida numa situação que já foi normalizada. Sempre se trata de uma relação entre forças, mas regulada pelo poder, dentro de coordenadas que ele decidiu e impôs; uma relação de integração de uma subjetividade vencida, sobre a qual agem os "afetos" neoliberais do mercado, do crédito, da competição e do Capital humano para garantir uma estabilidade e consolidação do poder dos vencedores.

Depois da derrota da revolução, os movimentos políticos contemporâneos perderam completamente o ponto de vista estratégico com o qual se relacionavam com seu inimigo histórico, que é o único a tê-lo conservado e desenvolvido, utilizando-o continuamente, tanto em tempos de guerra quanto de paz.

Assim como Foucault, devemos nos apropriar do saber estratégico, mas retornando ao pensamento e à ação revolucionária da primeira metade do século XX obtidos pela luta, pela guerra civil e pela guerra entre Estados, construídos e aperfeiçoados nos longos anos dos conflitos contra as potências imperiais e imperialistas. Essa é a segunda coisa que devemos preservar da experiência revolucionária, para além de todas as críticas que possamos fazer a esses revolucionários.

O confronto com Foucault fará emergir a grande distância que separa os dois conceitos de estratégia. No entanto, *o percurso intelectual através do qual Foucault chega à estratégia é particularmente interessante*, mesmo para uma política revolucionária.

Segundo o filósofo francês, a análise das relações de poder só pode ser corretamente conduzida ao fazer "intervir o problema da vontade", conceito negligenciado pela tradição filosófica ocidental e, por outro lado, cultivado pelas teorias orientais que desenvolveram muito cedo pensamentos estratégicos magníficos (explorados e renovados pelas revoluções asiáticas – só na China, 2 mil livros de estratégia foram escritos ao longo de sua história milenar).

As relações de poder são investidas tanto por desejos quanto por esquemas de racionalidade, mas também colocam em jogo a vontade. Na "cultura francesa atual, trata-se de algo de que não se fala mais, fala-se de razão, de desejo", mas nunca de vontade. De modo mais geral, a filosofia ocidental trata da "consciência, do desejo, das paixões", mas a vontade é "sua maior fraqueza". E a análise de Foucault se concentra na vontade.

Para entender a relação entre ação humana e vontade, só temos à disposição dois modelos, natural e moral, ao qual ela está subordinada. Ela é reduzida pelo primeiro em "termos de vontade/natureza/força", pelo segundo em termos de "vontade/lei/bem ou mal". Nietzsche introduz um novo conceito de vontade, invertendo "as relações entre o saber, as paixões e a vontade", fazendo com que esta última desempenhe um papel determinante na constituição da subjetividade.

> Ela (a vontade) não tem em nada necessidade de ser irracional. Ela não precisa sequer ser esvaziada de desejo [...] Direi que a vontade é precisamente essa coisa que, para além de todo cálculo de interesse e, se preferirem, para além da imediatez do desejo [...] fixa a própria posição de um sujeito. A vontade é o ato do sujeito. E o sujeito é aquilo que é fixado e determinado por um ato da vontade.

Sujeito e vontade "são de fato duas noções recíprocas entre si".

Foucault tira essa conclusão de Nietzsche: a vontade é "um princípio de descodificação intelectual, um princípio de compreensão para apreender a realidade" que é *luta, conflito, guerra*. Esse princípio de um real que é *confronto, conquista, domínio* tem um alcance universal, tanto para o mundo orgânico quanto para o mundo inorgânico, tanto para o corpo quanto para a sociedade. Chamo a atenção, de passagem, para a afinidade desse "real" com outro, mais conhecido: "toda a história é a história da luta de classes". O que os separa é, entre outras coisas, a dialética, mas deixo isso para depois.

Na sequência, a filosofia não conseguiu "determinar claramente o método que teria permitido analisar a ação do ponto de vista da vontade". Ao se perguntar sob que forma a vontade poderia ser pensada de um novo jeito, Foucault opera um deslocamento surpreendente e rico de possibilidades de desenvolvimento.

> Curiosamente, ele não pegou emprestado o método da estratégia militar para pensar a vontade. Ao que me parece, a questão da vontade pode ser posta como luta, ou seja, a partir de um ponto de vista estratégico para analisar um conflito quando diversos antagonismos se desenvolvem.

O emprego da estratégia pode esclarecer duas coisas: primeiro, que aquilo que acontece não se produz sem razão, nem segundo uma causalidade, mas pode ser explicado por meio do conflito entre forças e, segundo aspecto, as ações humanas implicadas nessa luta são decifráveis "a partir de um ponto de vista estratégico, como princípio de conflito e luta". Os conceitos de "estratégia, conflito, luta, acontecimento" podem nomear "o antagonismo que existe quando se apresenta uma situação em que os adversários se afrontam, uma situação em que um vence e o outro perde, ou seja, o acontecimento". O ponto de vista estratégico torna inteligível tanto os acontecimentos históricos quanto as ações humanas.

O que parece faltar às teorias de Lyotard, Klossowski, Deleuze e Guattari, à renovação do Espinosismo, é exatamente uma teoria da estratégia, um ponto de vista estratégico. Eles se detêm no desejo, no afeto, nas paixões (e suas ações recíprocas), correndo o risco de captar só uma parte da ação humana e dos acontecimentos históricos. A crítica de Foucault *é mais que interessante porque dá conta da pacificação do capitalismo* operada por estas teorias através da exclusão da vontade e, portanto, do real como luta e guerra de classes.

A afirmação segundo a qual "a sociedade capitalista não pode suportar nenhuma manifestação do desejo" corre o risco de não ser verdadeira, pois seria necessário que as concatenações do desejo também desenvolvessem um princípio estratégico, já que o "real" do capitalismo é luta entre forças que apontam para a guerra e a guerra civil. Sem esse princípio estratégico, os desejos são impotentes e serão certamente capturados e plasmados pela máquina Estado-Capital.

As forças que agem nas e sobre as relações de poder são tanto afetivas quanto racionais, mas fixadas e determinadas pela vontade que coincide com a ação, que é a própria ação. Não basta definir o real através das paixões, dos afetos e dos desejos, também é necessário entender "quem" quer através dos afetos, "quem" quer através do desejo", "quem" quer através da racionalidade. E esse "quem" não se refere a um sujeito individual, mas a uma multiplicidade de forças que comandam e obedecem.

A vontade é o "quem" que produz a singularização da relação entre forças, ou seja, as hierarquias entre forças, pois "em todo querer só se trata de comandar e obedecer no interior de uma estrutura complexa feita de uma multiplicidade de almas", dirá Nietzsche.

No que diz respeito ao capitalismo, podemos afirmar que, se uma força quiser ser obedecida, ela deve vencer a vontade daquele que não quer se submeter com algo distinto da mera mobilização dos afetos e desejos, pelo menos não supor que todos desejam e visam a "servidão voluntária".

Vontade contra vontade, é a força que decide!

Mas nesse caso, se a estratégia militar é o método para apreender a vontade como instrumento de análise das relações de poder, não podemos reduzir a força ao afeto, não podemos simplesmente identificá-los. O estabelecimento de "quem" manda e de "quem" obedece não pode ser reduzido a um jogo de antagonismos que coabitam com o governo de uma democracia conflituosa pacificamente regulada. No capitalismo, a governabilidade e a democracia são apenas um momento de transição do ciclo econômico. É o que nos mostra a história do capitalismo e o que nossa atualidade revela se quisermos encará-la de frente.

Mesmo em Nietzsche a força não é apenas "ação sobre uma outra ação", ela não é unicamente afecção de uma "vontade sobre uma outra vontade", como parece afirmar Deleuze, pois ela também é uma força armada, coerção física, apropriação, furto, rapina, destruição física, sequestro, guerra.

Foucault recua! Depois de ter revelado os limites das teorias fundadas no desejo, na paixão e na razão, a partir da metade dos anos setenta ele opera, por sua vez, um processo de pacificação das relações de poder. Este último é codificado na relação entre governantes e governados, relação que não pode mais ser definida como "guerreira", mas "governamental", ou seja, um poder que não se limita a reprimir mas que oferece positivamente possibilidades ao agir. Essa fase já começa a se fechar com a primeira guerra do Golfo, em 1991.

O princípio estratégico da luta de classes

> Lá onde há vontade, há um caminho.
> LENIN

Com certeza os revolucionários não tinham o problema filosófico de como compreender o conceito de vontade, mesmo fazendo um uso amplo dele na prática. Em vez disso, eles adotaram imediatamente a estratégia militar para tentar entender "os acontecimentos históricos e as ações humanas". O "real" deles não é uma luta genérica de forças (ativas/passivas, criativas/reativas, que só agem por meio de afetos e paixões), nem um poder que é relação entre governantes e governados, mas a luta entre classes históricas da qual derivam a política e as guerras reais. O ponto de vista estratégico é o método para decifrar comportamentos e acontecimentos que se produzem neles.

A estratégia foi o método que lhes permitiu ler corretamente as forças em luta e mover-se com segurança no mar tempestuoso das guerras civis para conseguir tomar as decisões certas. E a vontade de vitória e de liberação os levou a dar passos gigantes na estratégia, passos que Foucault parece inacreditavelmente ignorar ou subestimar.

Foucault dirige três críticas principais ao marxismo e à tradição revolucionária: de ter produzido, quando existe, um saber estratégico aproximativo; de interpretar as relações de força com o princípio da luta de classes, mas dentro da dialética da contradição e de privilegiar o ponto de vista sociológico (a classe) em vez de adotar um ponto de vista estratégico (a luta).

Segundo Foucault, os grandes Estados do século XIX teriam adotado um pensamento estratégico, ao passo que as lutas revolucionárias só pensam e usam a estratégia de modo conjuntural e aproximativo.

A crítica tem em mira primeiramente Lenin e "sua teoria do elo mais fraco... ação local que, graças à escolha da sua localização, agirá radicalmente sobre o todo". Ele é obrigado a reconhecer que Lenin permitiu "pensar o imprevisível para o marxismo", ou seja, a revolução soviética, e *que se trata, portanto, de uma posição estratégica e não dialética*, e logo em seguida Foucault acrescenta "muito elementar aliás". O coitado do Lenin é acusado de ter elaborado uma estratégia "que está no nível do primeiro treinamento de um subtenente da reserva [...] Ele constitui o mínimo aceitável para um pensamento comandado pela forma dialética que ainda permanece muito próximo da dialética".

Ao problema da fraqueza estratégica e da dialética se acrescenta um outro problema: "O que mais me impressiona na maioria dos textos, se não de Marx, no mínimo dos marxistas, é que não se diz (salvo em Trótski talvez) o que se entende por luta de classes. O que significa luta aqui? Confronto dialético? Combate político pelo poder? Batalha econômica? A sociedade civil atravessada pela luta de classes seria a guerra continuada por outros meios?".

Com frequência Foucault repetirá a acusação de sociologismo porque, para ele, o problema não é de modo algum "a sociologia das classes, mas o método estratégico da luta". O que lhe interessa são as formas de luta, "quem entra na luta, com o que e como? por que essa luta existe? em que ela se baseia? [...] Já que se fala de luta, trata-se, então, de conflito e de guerra. Mas como essa guerra se desenvolve?".

Ao contrário do que crê Foucault, o princípio estratégico e as demandas que são feitas são coisas que interessam aos revolucionários de modo quase obsessivo. Nós deveremos conservar muitas dessas obsessões para redefinir uma política revolucionária e em particular o uso não conjuntural mas sistemático da estratégia.

Também basta apenas folhear os textos de Lenin, Mao, Ho Chi Minh, Giáp, etc., para perceber que a maior parte é dedicada a problemas de tática e estratégia, a uma definição precisa dos diferentes tipos de guerra (de conquista, colonial, civil, de liberação, nacional, imperialista) e de luta (a greve é considerada como uma "escola de guerra").

Lenin era um grande admirador da obra de Clausewitz, que lê simultaneamente Hegel no início da grande guerra. Suas notas de leitura de *Da guerra* constituem "um dos documentos mais grandiosos da história universal e da história das ideias", diz Carl Schmitt de modo exagerado.

O jurista alemão retoma, assim, o pensamento de Hahlweg, especialista do estrategista prussiano, sobre a relação que Lenin estabelece com Clausewitz: A originalidade de Lenin é ter dado continuidade a Clausewitz, de ter feito com que ele passasse do estágio da revolução (burguesa em seu início) de 1789 à revolução proletária de 1917 e de ter reconhecido que a guerra, que de estatal e nacional se tornava guerra de classe, tomou o lugar da crise em Marx e Engels".

E ele menciona, sempre de acordo com a opinião de Hahlweg, como Lenin esclarece, por meio da fórmula "a política é a continuação da guerra", "quase todos os problemas fundamentais do conflito revolucionário: análise (de classe) da guerra mundial e problemas conexos, oportunismo, defesa da pátria, guerra de liberação nacional, diferença entre guerras justas e injustas, relação entre guerra e paz, entre revolução e guerra, revolução da classe operária dentro do Estado para pôr um fim na guerra imperialista".

Estou usando Carl Schmitt porque ele é ao mesmo tempo um inimigo declarado da revolução (o Lenin da contrarrevolução, mas só do ponto de vista teórico, pois ele teria desejado isso politicamente, mas nunca contou muito) e aquele que certamente melhor captou a força e o perigo político que os revolucionários do século XX representavam para sua classe.

O conjunto da renovação dos conceitos políticos de Schmitt deriva de um longo fascínio/confronto com a inteligência política, organizativa e estratégica desses revolucionários: "Vivemos '*sous l'oeil des Russes* [...] sempre se vive sob o olhar daquele irmão extremista que obriga vocês a levar a conclusão prática até o fim".

O maior trabalho de estudo, mas sobretudo de inovação estratégica do ensinamento de Clausewitz, foi feito durante a revolução chinesa e vietnamita.

Schmitt define Mao como "esse novo Clausewitz" porque ele desenvolve "conceitos do oficial do Estado maior prussiano de modo sistemático". O próprio Mao explica como, graças à política do partido comunista, "a guerra de guerrilhas antijaponesa sai do quadro da tática e bate na porta da estratégia", transformando a "pequena guerra" do general prussiano num pilar da "guerra prolongada".

Cada momento crítico das guerras em que os revolucionários estavam envolvidos fornecia uma nova leitura de *Da guerra*. Mao organizará seminários em 1938/39 a partir da obra de Clausewitz. O general Giáp fará o mesmo durante a batalha de Hanói. Os resultados não serão esperados: "A aliança da filosofia e da guerrilha concluída por Lenin liberará novas forças explosivas e inesperadas" que farão os impérios europeus e os impérios coloniais entrarem em colapso um atrás do outro.

O princípio estratégico deles é a luta de classes, com a qual corrigem e completam Clausewitz a partir de diferentes pontos de vista: a hostilidade, que é sempre relativa, não é entre Estados porque, apesar de se combaterem, estão todos do mesmo lado da barricada (constituem todos uma máquina de guerra contra o proletariado apesar de todos estarem em concorrência entre si). A principal hostilidade é constituída pela luta de classes que implode os "limites" da guerra regular que o "direito das pessoas europeias" havia estabelecido e que o congresso de Viena havia imposto novamente depois do fim das guerras napoleônicas: em comparação à guerra imperialista e à guerra de guerrilhas desencadeada pela hostilidade da revolução, "a guerra limitada" (que ainda é a guerra de Clausewitz ndr) "não é muito mais do que um duelo entre homens honrados". É essa radicalidade da guerra e da revolução que Foucault não capta porque "suas" guerras ainda são as do século xix.

A política que a guerra continua não é apenas a dos Estados, mas também e sobretudo a da luta de classes que, ao irromper com a revolução francesa e sobretudo soviética, abala as funções e a legitimidade do Estado. Essa economia e essa política das quais se origina a guerra entre Estados são, por sua vez, a continuação da guerra de conquista que formou as classes e distribuiu propriedade e não propriedade aos vencedores e vencidos.

Schmitt é obrigado a introduzir um novo conceito de político devido ao surgimento de novos sujeitos políticos (as "classes e as raças", a classe operária e os povos colonizados) que impedem sua identificação com o Estado, que constituía, até então, o único sujeito político em campo. Esse novo conceito é elaborado "sob o olhar dos Russos" porque é Lenin "que deslocou o centro de gravidade conceitual da guerra para o político, ou seja, para a distinção amigo-inimigo", deslocamento que politiza a guerra, pressuposto necessário para converter a guerra imperialista em guerra civil mundial.

Schmitt está fascinado com o modo como o inimigo de classe maneja a tática e a estratégia para transformar a guerra de 1914, "que começou como uma guerra convencional entre Estados conduzida segundo o direito internacional europeu, e terminou com uma guerra civil mundial nascida da hostilidade revolucionária de classe".

O princípio estratégico é apropriado e enriquecido pelos revolucionários, mas a "ação humana" que ele deve explicar é a luta de classes.

A dialética e a contradição

A crítica mais válida de Foucault diz respeito à dialética ("pobre, muito pobre") e à contradição.

> Uma relação recíproca não é uma relação dialética [...] O fato de que o fruto de seu trabalho seja apropriado por um outro é um fato, no entanto, não é uma contradição, nem uma relação recíproca; ele é o objeto de um conflito, de um confronto.

Se "é importante entender que a luta, que os processos conflituosos não constituem, como pressupõe o ponto de vista dialético, uma contradição no sentido lógico do termo", então é necessário ressaltar que não se trata, para os revolucionários, de uma contradição lógica mas real, produzida pelo desenvolvimento capitalístico.

A referência de Foucault sempre é Nietzsche, que descreve os antagonismos sem referência a nenhuma dialética. Foucault tem toda razão, a relação de Capital não é uma relação dialética, mas de guerra/produção, porque trata-se do começo ao fim de uma apropriação, de uma conquista que continua, transformando-se na governabilidade econômica e política sob a qual a guerra civil continua rolando. O desenvolvimento dessas relações não depende de "nenhuma lei da história", mas do "acaso" da luta, da imprevisibilidade do conflito que pode ser resolvido com a vitória de uma das classes, mas também com a implosão delas.

Apesar de tudo, essa crítica deve ser matizada porque, se o quadro teórico geral continua sendo o da filosofia da história (de uma revolução mundial necessária e inevitável!) e da dialética, a ação real é sem dúvida pensada e praticada como um conflito estratégico irreconciliável, ou seja, sem mediação possível e sem superação. Foucault recrimina os marxistas por "falarem de luta de classes como motor da história" e de se preocuparem em "saber o que é a classe, onde ela se situa, quem ela engloba, mas de nunca se preocuparem em saber o que é concretamente a luta". Na realidade, eles analisam com lentes de aumento, para além das possibilidades políticas de um intelectual francês, todo tipo de mobilização,[2] sua natureza,[3] interpretando-as, dissecando-as em todos os seus componentes, levando em conta uma grande quantidade de parâmetros: o tempo, o espaço, a composição sociológica, mas acima de tudo o elemento subjetivo, a radicalidade subjetiva.

---

2. Já em "Guerra de guerrilhas", Lenin desmente o juízo do filósofo francês, aliás, absolutamente gratuito: "No início, greves econômicas operárias (1896–1900), em seguida manifestações de operários e estudantes (1901–1902); revoltas camponesas (1902), primeiras greves políticas de massa, diversamente combinadas com as manifestações (Rostóvia 1902, greves do verão de 1903 e a manifestação de 9 de janeiro de 1905; greves políticas estendidas a toda a Rússia com combates sob barricadas em certos lugares (outubro de 1905; luta generalizada sob as barricadas e insurreição armada (dezembro de 1905); luta parlamentar pacífica (abril junho de 1906); motins parciais no exército (junho de 1905 – julho de 1906); tumultos parciais de camponeses (outono de 1905 – outono de 1906).

3. A multiplicidade das mobilizações implica a multiplicidade das formas de luta – sempre segundo Lenin: "ocorreram diversas formas de movimento, legais ou ilegais, pacíficos ou tumultuados, clandestinos ou públicos, círculos ou movimentos de massa, parlamentares ou terroristas".

A guerra sempre é lida do ponto de vista da guerra civil entre classes e eles estudam, portanto, com atenção especial os comportamentos das massas já que são elas, e não os Estados, os verdadeiros sujeitos políticos. Seria mais correto falar de guerra de guerrilha do que de guerra. A transformação da guerra imperialista em guerra civil de guerrilha opera a subversão da guerra total, que decreta a "mobilização total" de todas as forças sociais para a guerra imperialista, na mobilização de toda força proletária para em primeiro lugar tentar impedir a guerra, em seguida para eliminar as causas da guerra junto com o capitalismo.

Lenin chama a atenção para o fato de que o acontecimento mais importante da primeira metade do século xx é a "entrada" dos povos oprimidos "na luta", porque os revolucionários que dela derivam põem de uma vez por todas um fim na organização do mercado mundial fundada na conquista e na organização colonial, e também abalam para sempre a relação entre Norte e Sul sobre o qual a máquina Estado-Capital tinha sido organizada há quatro séculos a essa altura.

Em vez de se reconhecer no slogan do "elo mais fraco", o posicionamento estratégico da revolução soviética deriva diretamente da entrada dos colonizados na luta. "Um concurso singular de circunstâncias levou inicialmente a Rússia à guerra imperialista mundial em que estavam envolvidos todos os países ocidentais influentes", situando "sua evolução no limite das revoluções nascentes e das revoluções parcialmente iniciadas do Oriente". *Bem no limite entre o Norte e o sul,* "em condições que lhes permitiam realizar a união da guerra camponesa com o movimento operário, o que um 'marxista' como Marx considerava, em 1856, como uma das perspectivas possíveis para a Prússia".

Pela primeira vez, a revolução mundial é possível e o princípio estratégico deve se adaptar a essa nova regra.

A guerra é um processo que muda continuamente, mas é a evolução das massas na guerra que interessa aos revolucionários (como elas entram nela, como suas ações e sua consciência mudam de acordo com o decorrer dos acontecimentos). É uma competição de forças, mas no curso da guerra, elas próprias se modificam em relação ao que eram no início do conflito".

As variáveis que devem ser levadas em conta na guerra/revolução são tão numerosas que escapam aos instrumentos "grosseiros" da dialética.[4] A diversidade dos elementos que entram em jogo no processo revolucionário complica a decisão porque, como lembra Trótski, a oposição entre uma situação revolucionária e uma situação não revolucionária é uma oposição metafísica. No capitalismo, "são as situações intermediárias, transitórias, entre uma situação não revolucionária e uma situação pré-revolucionária, entre uma situação revolucionária e contrarrevolucionária [...] que têm uma importância decisiva do ponto de vista da estratégia política".

Foucault reprovará os marxistas por não terem um princípio estratégico para ler a multiplicidade das lutas, ou seja, por não saberem para onde elas iam levar, quando a revolução é, pelo contrário, claramente definida por Rosa Luxemburgo como um processo que deve organizar a passagem da greve à guerra civil, esta última constituindo uma fase da luta de classes, sua transformação em confronto armado: "greves econômicas e políticas, greves de massa e greves parciais, greves de protesto ou de confronto, greves gerais de setores particulares ou da cidade inteira, lutas pacíficas de reivindicação ou batalhas de rua, conflitos com barricadas: todas essas formas de luta se cruzam, se atravessam ou se transformam umas nas outras: é um oceano de fenômenos eternamente novos e flutuantes cuja lei do movimento está nas relações das forças políticas e sociais da revolução".

Os instrumentos da dialética são realmente e amplamente insuficientes para a "concentração rica das formas, das nuances, dos métodos de luta de todas as classes da sociedade" expressadas na revolução soviética.

Se a filosofia da história garante a vitória final do proletariado, *durante uma revolução a vitória não é garantida por nada, nem ninguém.* Essa famosa frase de Lenin sobre outubro de 1917 mostra

---

4. "A guerra é o domínio do acaso. Nenhuma outra esfera da atividade humana dá tanta margem a esse estranho, pois nenhuma está, de todos os pontos de vista, em contato tão permanente com ele. Ela intensifica a incerteza em cada circunstância e trava o curso dos acontecimentos. Devido à incerteza de todas as informações, de toda base sólida e dessas intervenções constantes do acaso, a pessoa que age se encontra continuamente diante de uma realidade diferente daquela que estava esperando [...] três quartos dos elementos nos quais se funda a ação permanecem na névoa de uma incerteza maior ou menor".

que a dialética não é de grande auxílio porque o risco que deve ser assumido na insurreição ou na guerra de longa duração deve se confrontar com o imprevisível e com a incerteza do confronto em que o êxito não pode ser antecipado por nenhuma dialética. "Napoleão disse: 'A gente se joga nessa e depois... veremos'. É o que fizemos".

As escolhas estratégicas não saem de um molde dialético, pois devem ser inventadas segundo o curso dos acontecimentos, sempre a partir de uma situação concreta, a partir de uma análise das forças em disputa: uma estratégia pragmática muito mais do que dialética.

O conflito e sobretudo a guerra são acontecimentos, ou melhor, uma série de acontecimentos concatenados que ocorrem ao mesmo tempo, cujos efeitos se cruzam, se impõem e se compõem dando lugar a uma multiplicidade de relações de força que mudam continuamente. Os comportamentos dos sujeitos que se jogam na luta são imprevisíveis, as situações estratégicas mudam de um dia para o outro (para Clausewitz, a guerra é um "camaleão"), de modo que Lenin pode afirmar que uma palavra de ordem válida hoje pode não ser mais amanhã.

> Reconheçamos que é muito mais difícil orientar-se na guerra do que em qualquer outro fenômeno social porque ela comporta menos certezas, ou seja, é muito mais uma questão de "probabilidade".

Essa citação de Mao é certamente uma reflexão feita a partir de um texto de Clausewitz. Para os dois estrategistas, a guerra combina a análise racional das forças do inimigo, das próprias forças, da situação política local e mundial e ainda da "névoa da guerra", na qual a parcela do imprevisível e do acaso ("o jogo das probabilidades e do acaso") desempenha um papel fundamental.

Se há *uma ação em que a relação entre afetos e razão de um lado e vontade do outro se inverte, em que a vontade fixa a posição do sujeito, é justamente a ação revolucionária*: altamente afetiva, guiada pelas razões das situações, determinada pela vontade política. Daí a importância do processo de subjetivação para a prática revolucionária, do elemento subjetivo tanto na greve quanto na guerra.

Se a estratégia não pode ser em nenhum caso dialética, o quadro geral permanece dialético para os revolucionários porque a luta deve ser resolvida no confronto dos "contrários", do qual se sai ou vitorioso ou vencido. De qualquer modo, trata-se de uma dialética que não prevê nenhuma reconciliação, nenhuma síntese. Schmitt chama a atenção para o fato de que o "sistema ternário" hegeliano "não tem a força de impacto polêmica da antítese dualista", cujo exemplo "mais flagrante, que teve consequências enormes, é o da antítese entre burguês e proletariado formulada por Karl Marx".

Para todo revolucionário da primeira metade do século xx, a sociedade está dividida ("tudo se divide, até mesmo o átomo", dirá Mao citando Lenin), e essa divisão em classes é irreconciliável. A "síntese" dialética dos contrários, nesse caso o Kuomintag e o Partido comunista, foi efetuada do seguinte modo: "os exércitos deles avançavam e nós os devorávamos, comendo-os pedaço por pedaço [...] a síntese é que um peixe grande come um peixe menor".

De qualquer modo, é curioso o trabalho com a dialética realizado por Lenin e Mao, porque tanto na Rússia quanto na China não havia muitas mediações possíveis, a integração do proletariado à máquina Estado/Capital era praticamente inexistente. Nenhuma dialética existia em ato, pois o que existia era antes de tudo uma gestão por meio de uma violência abertamente assumida pelo poder. A situação no Norte é diferente, onde a ruptura da dialética, da mediação integradora, era um verdadeiro problema.

Apesar da contribuição genial que Foucault traz para entender os limites de toda teoria do desejo, dos afetos e das paixões, ele conserva com uma enorme condescendência a experiência revolucionária do século xx que nada justifica. Ainda mais porque a estratégia que ele se esforça para construir com Nietzsche é pouca coisa comparada com a "guerra de guerrilhas". Sua desvalorização das estratégias revolucionárias antecipa a indiferença dos movimentos políticos contemporâneos.

O desaparecimento da guerra de sujeição

A "insuperabilidade" do marxismo está na afirmação de que a genealogia do capitalismo está enraizada numa guerra civil de sujeição que estabelece hierarquias entre quem possui e quem não possui, entre quem manda e quem obedece. A diferença não deve ser diferenciada, mas afirmada imediatamente como diferença de poder, diferença entre quem manda e quem obedece, entre quem precisa trabalhar e quem vive do trabalho dos outros. A diferença é hierarquia de poder.

As teorias da produção de subjetividade dos anos 70, mas sobretudo as contemporâneas, se esforçaram para apagar todo resquício das guerras de sujeição. A coisa é particularmente picante em Foucault que, ao abandonar a guerra civil e a sujeição dos vencidos que daí se segue, transforma a sujeição no caráter específico do poder e das lutas para combatê-lo.

A sujeição tal como o filósofo a entende não é o prosseguimento da guerra de conquista por outros meios, mas o fruto de técnicas específicas de poder que, ao agir na vida cotidiana organizando o espaço e sequestrando o tempo, ao produzir um poder "que classifica os indivíduos em categorias e define a individualidade deles, fixa tais indivíduos em sua identidade".

A sujeição é uma relação de poder à parte, que elimina toda relação com a guerra de conquista, que nega que a violência da sujeição seja a individualização da guerra de conquista porque, diferentemente de Nietzsche, Foucault não reconhece a existência desta última.

O alvo das lutas não é mais a exploração, a riqueza de poucos e a miséria de muitos, as desigualdades de classe, as guerras e as revoluções. Todos os antigos alvos políticos são "substituídos por um problema de excesso de poder" que se manifesta através de "uma técnica particular, uma forma particular de poder", a sujeição individualizante.

As lutas não devem "atacar uma instituição particular de poder, ou grupo, ou classe, ou elite", pois o espaço político está todo reduzido e incluído entre essas técnicas de sujeição e a "invenção de si" através das "tecnologias de si". A luta contra o poder está limitada a "promover novas formas de subjetividade, recusando o tipo de individualidade que nos foi imposto por vários séculos".

A estratégia ético-estética que Foucault adota no final de sua vida é simplesmente impossível porque elimina o fundamento da sujeição: a apropriação violenta dos corpos. Essa eliminação é o limite de todas as teorias da produção de subjetividade.

É claro que essa *separação* entre lutas de classes, guerra, revolução, invenção e produção de si através de técnicas de si é uma herança da qual devemos nos desfazer porque é uma das causas da ausência de armas políticas e teóricas que nos tornou mais impotentes do que nunca diante do *poder interno* (*neoliberalismo*), que está muito longe de se reduzir às categorias de Foucault, e igualmente impotentes, se não mais, diante do *poder externo* da guerra entre Estados que o filósofo não leva sequer em consideração. Para retomar a iniciativa é preciso, ao contrário, concatenar aquilo que essa concessão do poder separa inexoravelmente: a produção de subjetividade, as lutas de classe e as guerras.

Se dissemos, num primeiro momento, que o marxismo é insuperável, agora dizemos que ele demonstrou não sê-lo de verdade porque, se o capitalismo começa realmente, ao contrário do que pensa Foucault, com a tomada, a conquista dos corpos, ele faz isso operando uma apropriação múltipla que não diz respeito apenas aos trabalhadores. O Capital só poderá começar a produzir lucro quando tiver reafirmado o poder sobre as mulheres, quando os africanos tiveram se tornado escravos e os nativos americanos colonizados. Essa multiplicidade não pode ser reduzida à relação capital-trabalho, daí o rápido declínio da "luta de classes", porque as lutas das mulheres e dos colonizados fazem surgir novos sujeitos políticos que exigem autonomia e independência em relação ao movimento operário.

As tentativas das diversas produções (afetivas, desejantes, cognitivas, etc.) fracassam porque não assumem o princípio estratégico (abandonando tanto as lutas de classe quanto as guerras) para explicar o real. Se Foucault o conserva é para pacificá-lo completamente ao reduzi-lo à regulação dos conflitos democráticos, incapaz de explicar a explosão das guerras. Não existe mais guerra civil sob a governabilidade, mas apenas um neoliberalismo do qual Foucault é incapaz de pensar os resultados: guerra civil dissimulada no interior, guerra entre imperialismos no exterior, dentro de um quadro geral que é o da catástrofe ecológica.

Globalização: máquina de guerra, Império ou imperialismo?

Como Estado e Capital se integram sem se identificarem

Passemos agora à análise do ponto de vista de Deleuze e Guattari (DG) e de Negri e Hardt (NH) acerca da relação que eles estabelecem entre capitalismo e guerra, pois podemos encontrar neles muitos argumentos que se entrelaçam e porque ambos decretam a superação do imperialismo. Nosso foco será a definição deles do funcionamento do mercado mundial e da globalização (e em particular a relação que o Estado estabelece com o Capital), confrontando-a com a situação determinada pelo confronto armado na Ucrânia, que parece desmentir tanto as teses presentes em *Mil platôs* quanto em *Império*.

A teoria da guerra de DG está estruturada em torno do conceito de "máquina de guerra", cuja origem remete aos povos nômades. Sua primeira característica é não ser imediatamente atribuída ao Estado, que deverá se apropriar dela, pois, a princípio, sua natureza diverge da soberania estatal. DG procuram nessa "exterioridade" uma alternativa à experiência das revoluções porque os partidos que a conduziram "se constituíram como embriões de dispositivos do Estado, ao invés de formarem máquinas de guerra irredutíveis a tais dispositivos".

Assim como todos os revolucionários da primeira metade do século XX, DG se confrontam longamente com as teorias de Clausewitz. Mas enquanto DG leem a guerra teorizada pelo general prussiano do ponto de vista de uma máquina de guerra nômade, os revolucionários a interpretavam a partir da guerra civil e da guerra de guerrilha do proletariado.

Os nômades não atribuem à máquina de guerra a guerra como sua finalidade exclusiva, mas antes de tudo a capacidade de criar uma outra organização do tempo e do espaço ("liso") em relação ao domínio soberano do território ("espaço estriado", hierarquizado, dividido, limitado por fronteiras, controlado). Em vez disso, o Estado seria obrigado a se apropriar dessa "exterioridade" e fazer da guerra seu objetivo.

Diferentemente de Foucault, que as evita, a análise se concentra nas guerras "totais" (primeira e segunda guerra mundial) que parecem realizar o conceito de guerra pura, de "guerra ideal", de guerra absoluta que Clausewitz havia contraposto às guerras empíricas, as guerras realmente existentes cujo funcionamento e finalidade estão subordinados ao Estado.

O conceito de "guerra ideal", "incondicionada" e sem limites libera a guerra de sua subordinação ao Estado e tende a fazer da guerra uma realidade autônoma. Os Estados que tinham se apropriado da máquina de guerra nômade e a subordinado aos próprios objetivos de "potência" contra outras potências, tendendo agora, através das guerras totais que "conduziam uns contra os outros", a reconstruir uma máquina de guerra mundial, econômico-política, que corresponde ao mercado mundial do qual os Estados nada mais são do que "objetos e meios apropriados para essa nova máquina".

A guerra total tem uma ligação estreita com o capitalismo por se tornar guerra industrial, transformando a economia em produção para a guerra e envolvendo nela a sociedade e a população como um todo. O alvo que a guerra total deve destruir não é apenas o exército e o Estado inimigo, mas também a "população inteira e sua economia". Por outro lado, ele não parece ter muitas ligações com as lutas de classe e as guerras civis. Fernand Braudel chamava a atenção para o fato de que, às vésperas da primeira guerra mundial, a Europa estava pronta para passar ao socialismo e a destruição dessa ameaça, que a revolução soviética fará ressurgir como um pesadelo para a burguesia, constituirá uma das principais razões de ser do fascismo e do nazismo. De um jeito muito estranho, a revolução desempenha um papel menor ou até mesmo ausente na história universal traçada por DG, provavelmente porque as "revoluções sempre acabam mal".

A máquina de guerra que tende a se liberar do Estado e subordiná-lo a ela se apresenta sob duas figuras: a primeira é a do fascismo que faz da guerra "um movimento sem limites que não tem nenhum outro objetivo" a não ser sua própria expansão. A segunda figura é a dos trinta gloriosos, onde a máquina de guerra não tem mais a guerra como objetivo principal, mas tende, ao invés disso, a "uma forma de paz ainda mais assustadora", a "paz do Terror e da Sobrevivência". Ela se encarrega, agora, dos objetivos que eram justamente do Estado, "paz, a política, a ordem mundial".

"É a paz que libera tecnicamente o processo material ilimitado da guerra total" que se realiza na forma da terceira guerra mundial (a guerra fria!). O mundo se torna de novo um espaço liso, transnacional, onde reina *uma única e mesma máquina de guerra* econômico-política. As guerras não desapareceram, pois "se tornaram parte da paz". Nem mesmo os Estados desaparecem, pois só constituem, agora, parte de *uma única máquina global* que permanece tal qual quando seus Estados se opõem.

O século XX foi o teatro de confrontos de classe que as guerras totais só conseguem domar e controlar de modo muito parcial. Enquanto DG leem o fim da segunda guerra mundial como a imposição de uma paz mesmo que aterrorizante, Carl Schmitt e Hannah Arendt falam, em 1961, de "guerra civil mundial", o que parece corresponder melhor à "revolução mundial" que estava em curso.

A natureza da guerra civil mundial é perfeitamente compreendida por Oswald Spengler (reacionário, inimigo da república de Weimar, admirador de Mussolini) já ao final da grande guerra com uma lucidez que vale a pena ser citada: "Não é a Alemanha mas o Ocidente que perdeu a guerra mundial ao perder o respeito dos povos de cor". Quem saiu vitoriosa foi a Revolução de outubro, que jogou fora a "máscara 'branca'" para se tornar "de novo uma grande potência asiática, 'mongólica'", animada pelo "ódio ardente contra a Europa". Os apelos dos soviéticos ao levante dos "povos oprimidos" pelo colonialismo e à revolta de "toda a população de cor da terra" visam constituir "uma resistência comum" e uma "luta contra a humanidade branca".

E é na luta contra o colonialismo que se aperfeiçoa a máquina de guerra das revoluções e a estratégia de guerrilha ("guerra de guerrilhas") como sua forma de combate privilegiada inaugurada pela revolução soviética. DG identificam na guerrilha a modalidade de confronto que a futura máquina de guerra revolucionária deve assumir para se opor à "paz" do novo espaço "liso" do mercado mundial, mas sem nunca se confrontarem de verdade com a guerra de guerrilha que antecipou, de um ponto de vista de classe, a organização de um espaço não hierarquizado, nem com as guerras anticoloniais em que essas técnicas dão um salto de qualidade, estando a serviço da estratégia verdadeira e genuína. Com suas táticas e estratégias de combate, a guerrilha constrói aquele espaço liso que DG definem como tarefa política da máquina de guerra revolucionária. O movimento, a mobilidade, o deslocamento incessante que nunca fixa a frente, mas a determina de vez em quando por meio da própria ação, são os produtos da transformação da "pequena guerra" de Clausewitz em guerra de guerrilha operada pelos revolucionários do século XX.

Temos de voltar mais uma vez a Carl Schmitt, que leva muito a sério a "pequena guerra" dos revolucionários, confrontando-a à configuração espacial dos teatros de guerra no mar ("espaço liso") e na terra ("espaço estriado").

> O combate de guerrilha cria um novo campo de ação, um espaço com uma estrutura complexa porque o guerrilheiro não luta num campo de batalha aberto, nem nas linhas de frente de uma guerra aberta. Pelo contrário, ele força o inimigo a se esconder em um novo espaço.

O guerrilheiro desterritorializa a guerra regular, tornando a terra lisa como o espaço marítimo. Apesar de ser uma força "telúrica", Schmitt compara a "dimensão de profundidade" introduzida pelo guerrilheiro às formas de combate no mar ("espaço liso"). O guerrilheiro "Fornece uma espécie de analogia terrestre inesperada, mas nem por isso menos efetiva, do submarino", que ele também introduz na superfície do mar em que se realizam as batalhas, uma "dimensão inesperada de profundidade".

Essa capacidade de impor um "novo espaço" ao inimigo, de dividir seu território não fixando nenhuma frente, criando-o continuamente lá onde se materializa a guerrilha, é outra experiência, outra estratégia que vale a pena ser levada em consideração e herdada das revoluções.

A tentativa de DG de definir uma forma de organização alternativa ao leninismo e ao maoísmo, que correm o risco de desembocar (e desembocam) no Estado, é certamente louvável, e a pesquisa nessa direção deveria ser continuada, mas encarando ao mesmo tempo os quebra-cabeças que a realização de uma revolução impõe. Por exemplo, DG opõem a guerrilha à guerra regular conduzida por um exército regular porque este último é um foco capaz de gerar relações soberanas de poder com sua centralização, com suas hierarquias. Mas nem Mao, nem Ho Chi Minh, nem Giáp, mesmo tendo conferido à guerrilha uma dimensão estratégica que ela não tinha absolutamente em Clausewitz, não a opuseram posteriormente ao exército regular como parecem pretender fazer DG, simplesmente porque não é possível fazer isso para bater o inimigo. A vitória da revolução pressupõe uma relação entre guerra irregular e regular, impondo assumir, portanto, todos os riscos que daí se seguem. A vitória sobre o inimigo requer a ação do Exército Vermelho, mesmo se "o guerrilheiro é o combatente dos nove décimos de uma estratégia que só deixa um décimo às formas armadas regulares" (Mao). DG criticam a tomada do poder, problema cardinal em torno do qual giram as estratégias revolucionárias da época, justamente por obrigar a assumir dispositivos (aqui o Exército Vermelho) formalmente homogêneos ao Estado, dispositivos que não foram capazes de propor nada de alternativo e de igualmente eficaz na prática.

O que parece faltar na análise da guerra de DG é um método que leve em conta a definição que Clausewitz dá dela, "efeito recíproco prolongado de duas (vontades) opostas", que implica a ação de todas as forças dotadas de "potência" e de ação estratégica apesar de assimétricas.

Quando dizemos que há em DG uma análise das guerras totais mas dissociada da luta de classes e das guerras civis, queremos dizer que estas não desempenham um papel ativo nelas. Ao final do capítulo em que se confrontam com Clausewitz, eles fazem uma afirmação de princípio que não fornece muitos elementos para agir porque ela diz que lá onde há poder, sempre há, no entanto, a possibilidade de "fuga": a máquina de guerra-mundo (como se diz economia mundo) "não para de recriar possibilidades de respostas inesperadas, de iniciativas imprevistas que determinam máquinas de guerra mutantes, minoritárias, populares, revolucionárias".

A partir da revolução francesa é afirmado um princípio estratégico e metodológico que subverte o ponto de vista de DG e parece mais útil: "primeiro a revolução, depois a máquina Estado-Capital". São as lutas de classe no limiar dos séculos XIX e XX que forçam a máquina Estado/Capital às guerras totais (e ao fascismo). Durante todo seu decurso, elas serão continuamente rompidas pelo surgimento de revoluções e guerras civis porque os movimentos revolucionários conseguirão conservar uma política ofensiva mesmo dentro das enormes dificuldades da época. As guerras totais, que haviam impedido, bloqueado, reprimido a revolução na Europa, farão com que elas ressurjam primeiramente na Rússia, depois no sul, dando-se pela primeira vez como possibilidade da revolução mundial. É esse entrelaçamento estratégico entre Estado-Capital de um lado e revolução/luta de classes do outro que a referência aos nômades em *Mil platôs* deixa escapar.

A ideia de uma única e grande máquina ("o capitalismo mundial integrado") é uma das miragens produzidas durante os trinta anos que se seguiram à segunda guerra mundial, que foram, vale a pena lembrar, a exceção e não a regra do capitalismo. O equilíbrio do terror (Leste-Oeste) havia congelado temporariamente a ordem mundial (na realidade, as guerras civis se alastravam nas colônias). DG teorizam uma integração progressiva de economias e culturas heterogêneas (mesmo entre Leste e Oeste) sobre as bases de um desenvolvimento tecnológico que teria nivelado as diferenças. "Os computadores conversam de continente para continente, ditando as regras aos dirigentes políticos e econômicos. A produção informática automatizada não recebe mais sua consistência do fator humano, mas de um fator de continuidade maquínica que atravessa, contém, difunde e miniaturiza todas as funções e atividades humanas".

DG operam uma supervalorização da técnica (parecendo esquecer a diferença que eles próprios estabeleceram entre *máquina técnica* e *máquina política*) e uma grande subestimação da estratégia, posição que será difundida durante todo o período da contrarrevolução entre todos os amantes dos "automatismos" financeiros, tecnológicos e midiáticos que nos comandarão, tornando-nos escravos. Contra essas afirmações injustamente deduzidas do trabalho de DG, é necessário afirmar que *nenhuma máquina técnica, nenhum automatismo financeiro, nenhum computador nunca decidiu uma guerra e nunca decidirá. Uma máquina política só poderá ser derrubada por outra máquina política.*

Apesar de um desenvolvimento exponencial da *máquina técnica*, a realidade da *máquina política*, que muitos não conseguem ver em tempos de "paz", emerge de modo prepotente com a guerra.

No mesmo momento em que a URSS estava se esfacelando, também era rompida a ordem mundial, ou seja, a possibilidade de uma única máquina de guerra. As lutas entre imperialismos, entre potências econômico-políticas, já estavam na ordem do dia. Mas se também tivessem dado uma olhada no Sul , durante os trinta gloriosos já teria sido entendido que a grande máquina mundial integradora era uma quimera.

Não é que as lutas de classe desapareceram complemente da máquina de guerra global de DG, mas elas são incluídas num devir sem história, um devir sem revolução. O capitalismo não é um processo infinito de exploração e dominação que suscita fluxos que também fogem e escapam continuamente por todas as partes num devir sem fim, como parecem sugerir DG. Walter Benjamin entendeu claramente a ilusão de um devir desse tipo: "a história não conhece o infinito ruim na imagem de dois combatentes eternamente em luta um contra o outro. A verdadeira política é calculada em termos de prazos". A história das relações de força entre as classes corta o devir, o bloqueia, o faz bifurcar, o faz desembocar nas guerras, nas revoluções ou na implosão de todas as classes em luta. Há um ponto no desenvolvimento do capitalismo em que a dialética capitalismo/rotas de fuga não funciona mais, em que o infinito ruim acaba em guerra. *Hic Rodhus, Hic salta!*

O Império

Antes de problematizar o conceito da autonomia de *uma única máquina de guerra* e a subordinação dos Estados ao seu funcionamento, o que configuraria o mercado mundial de um novo modo, gostaria de introduzir o conceito de Império de Negri e Hardt (NH), que me parece se cruzar em vários pontos com a máquina mundo de DG.

Para NH, o "capitalismo coletivo" teria adotado uma nova estratégia, o Império, que se opõe de modo radical ao imperialismo. Este último, com a função ainda central do Estado, as divisões rígidas que ele impõe (fronteiras, interesses nacionais, lógicas soberanas) não favorece mas, pelo contrário, bloqueia o desenvolvimento do mercado mundial. Daí a necessidade de colocá-lo em discussão.

O império é *uma* máquina global, transnacional e não soberana que se encarrega da ordem mundial a partir dos anos 70. Suplantando os governos nacionais dos Estados imperialistas, sua governança "é irredutível a uma gestão baseada na unidade do comando e na legitimação de um centro único de poder".

Enquanto máquina de guerra, o império cria um espaço e um mundo "lisos", sempre abertos, onde as velhas fronteiras imperialistas "desmoronam" e os Estados-nação "entram em crise" ("o Estado político perece", dizem DG). Em vez de representar limites, as fronteiras constituem ocasiões de liberdade porque, no mesmo momento em que são criadas, o Império se encarrega de superá-las. Ele é uma forma de poder pluralista, fundamentalmente pacífica ("a ideia da paz está na base de seu desenvolvimento e de sua expansão", não no sentido de que não haja mais guerras, mas porque ele é capaz de evitar os grandes confrontos entre imperialismos da ordem mundial anterior), flexível e fluída que se adapta rapidamente à mudança das situações econômicas e políticas.

A governança é negociada entre "sujeitos estatais e não estatais" para construir novos dispositivos de poder capazes de inovar as formas das decisões políticas de modo consensual. O poder soberano é substituído por uma "pluralidade de polos" e uma corrente contínua de atividades transnacionais destinada à construção e à experimentação de novas normas, práticas de regulação e procedimentos de gestão".

NH parecem fascinados por um mundo que parece regido pelo capital, envolvido em suas longas cadeias de valores, percorrido por seus fluxos financeiros livres, com um Estado que mais do que regular parece acompanhar esses movimentos de modo subordinado. Eles caem na ilusão da *belle époque*, que parece coincidir com todo o ciclo econômico, tirando as guerras que o fundam e que o fazem naufragar em seguida.

Essa ideia de Império, desmentida, digamos imediatamente, pelo confronto entre imperialismos na Ucrânia, está baseada na oposição do conceito de "capital" e do conceito de estado", na incompatibilidade da imanência da potência do primeiro com a transcendência do poder do segundo. O poder transcendente do "soberano" seria progressivamente substituído pela "axiomática" do Capital, ou seja, pela máquina de produção e medição do lucro.

O Império remete em muitos aspectos à máquina de guerra de DG e ao modo como ela subordina os Estados a si, assim como seus próprios partidos. A incompatibilidade entre Estado e Capital teria sido resolvida com a vitória da globalização do Capital, a qual impõe suas leis e interesses a Estados que, recalcitrantes, não querem perder seus poderes e prerrogativas.

Para justificar a vontade obstinada dos Estados Unidos de se imporem como centro de poder unilateral no tabuleiro de xadrez mundial, NH veem a produção de um "golpe de Estado", gerido pelos defensores do projeto de "um novo século americano" (os neoconservadores), contra o Império. Esse golpe de Estado teria não apenas existido, mas também fracassado. Em vez disso, aqueles que conseguiram impor o século americano se esforçaram, como é natural para uma força imperialista, para preparar, com o Pentágono, a administração e as diversas oligarquias (da produção de armas, da finança, do setor imobiliário), as guerras contra a Rússia, a China e todos aqueles que não querem se submeter à potência americana. Juntos, neoconservadores, democratas e republicanos entenderam que não havia mais outra solução para impor sua supremacia e a guerra veio pontualmente. Ao contrário do que está acontecendo há anos, NH continuam pensando que depois da pretensa derrota dos imperialistas dentro da administração americana, incidente de percurso na construção da governança mundial, a globalização "continua avançando" e o Império continua sendo a única solução praticável.

A vontade de justificar a existência e a necessidade da máquina de guerra imperial não soberana impõe a NH teorias desastradas, digamos assim, sobre a guerra e o capitalismo. Tanto a guerra quanto o imperialismo são opções que o Capital relutaria a empregar porque não favorecem mas, pelo contrário, bloqueiam a produção do lucro. Existem duas modalidades principais úteis para "conservar o controle" capitalístico sobre a globalização e o lucro: "a guerra e a finança". A solução militar "foi adotada e em grande medida fracassou" (no Iraque, Afeganistão, guerra contra o terrorismo, etc.). Talvez uma "sociedade em Estado de guerra" possa "funcionar a curto prazo, mas ela mina a produtividade a longo prazo, sobretudo dentro de uma economia biopolítica em que a liberdade, a comunicação e as interações sociais são absolutamente necessárias". A "aristocracia global", o "capitalista coletivo" atual, que "contribuiu para pôr um fim na unilateralidade" dos imperialismos, escolhe "a opção da finança, muito mais eficaz" do que a guerra.

Essas linhas escritas em 2009 são surpreendentes porque aconteceu exatamente o contrário. A finança, o vetor mais importante da globalização, forma hegemônica do Capital dentro da mundialização, "única capaz de acompanhar as mudanças repentinas" das redes globais do valor, "única capaz de impor a flexibilidade, a mobilidade e a precariedade à força de trabalho biopolítica" (NH), desmoronou em 2008. O capitalismo foi salvo pela intervenção dos Estados que, apesar de terem inundado as empresas de dinheiro, não conseguiram colocar a "economia" de novo em movimento e a guerra se apresenta, a partir de então, como a opção mais provável.

Uma sucessão parecida de acontecimentos já tinha se produzido na grande globalização anterior: a financeirização que fracassa, a mundialização que perde velocidade, começa a se fechar, a se dividir segundo lógicas mais políticas do que econômicas, a eclosão da guerra entre os imperialismos.

Rosa Luxemburgo também tinha escrito: "tendo a tendência para se tornar uma forma mundial, o Capital se despedaça em sua própria incapacidade de ser essa forma mundial da produção".

Por que o Capital não pode se tornar mercado mundial realizado? Porque ele não pode se separar do Estado, porque um Estado mundial é uma contradição em termos e por isso ele está na impossibilidade de criar uma *única grande máquina de guerra* ou de se tornar *Império*. Ele tem necessidade do poder "soberano" do início ao fim e mesmo no meio do ciclo de acumulação. O Estado é insubstituível, sobretudo nos períodos de transição, onde o confronto entre classes e entre Estados se afirma com toda sua violência. Não é o Capital que pode organizar o bombardeamento do palácio da "Moeda" ou garantir milhares de prisões, torturas e assassinatos durante as guerras civis sul-americanas. Não é o Capital que pode declarar a inconvertibilidade do dólar em ouro, pois a origem da moeda não é econômica (mas soberana e estreitamente ligada à guerra). O imperialismo americano já estava contido na declaração que dizia: "o dólar é a nossa moeda e problema de vocês", dirigida ao resto para que as coisas ficassem finalmente claras desde o início: nós mandamos, vocês obedecem!

A moeda dominante nos indica imediatamente a impossibilidade da criação do Império como dispositivo transnacional do capital: o dólar é a moeda nacional dos Estados Unidos, funcionando simultaneamente como moeda internacional, criando uma enorme assimetria de poder entre os EUA e o resto totalmente a favor do primeiro. O que seria necessário ao funcionamento da máquina global do Capital, se isso fosse possível um dia, é o Bancor proposto por Keynes em 1941, moeda não soberana que não teria favorecido nenhum país em detrimento de outros. Foram justamente os Estados Unidos que recusaram a proposta e impuseram o dólar em seu lugar, transformando-o numa moeda abertamente "imperialista" (indexar a dívida e a moeda dos Estados mais fracos em dólar é uma política evidente de "guerra" contra o proletariado desses países!). Os Estados Unidos não estavam preocupados com a construção da máquina global, mas de comandá-la e usá-la para explorar o proletariado mundial exclusivamente ao seu próprio favor e abater seus concorrentes econômicos e políticos. Eles não estavam construindo o Capital cosmopolita, mas servindo aos interesses do capitalismo e Estado americanos.

Brzezinski, conselheiro da segurança nacional do presidente Carter, não deixa nenhuma dúvida sobre agências, instituições, órgãos administrativos ou políticos que deveriam constituir a espinha dorsal do Império: "A rede internacional de agências técnicas, sobretudo financeiras, também podem ser consideradas daqui para a frente como parte integrante do sistema americano. Na realidade, apesar de representarem interesses 'globais', o FMI e o banco mundial são influenciados de modo pesado pelos Estados Unidos".

Quando o dólar, moeda política que se tornou finança/dívida para combater o declínio dos Estados Unidos através do saqueamento do resto , entra em colapso, o Capital não tem outra escolha a não ser recorrer ao Estado, que é obrigado, por sua vez, a transformar sua política, que nunca foi a universalidade do mercado mundial, mas sempre a concorrência de uma potência "territorial" (mesmo se o território for o de um continente) dentro da globalização, em concorrência armada. Aquilo que os críticos contemporâneos não querem ver era a própria evidência para revolucionários como Rosa Luxemburgo.

Para NH, ao contrário, a guerra não é uma condição "ontológica" da existência do Capital indispensável para sua acumulação. Ela aparece de modo conjuntural para depois desaparecer e reaparecer se a guerra se manifestar de modo evidente. Em 1980, Negri escrevia sabiamente: "o colapso do mercado determina uma situação de guerra", "a guerra é a situação ontológica à qual conduz a quebra do mercado". Em seguida, a guerra é delegada para só emergir novamente depois dos atentados de 2001, para desaparecer de novo em 2009, porque ela não é uma condição estrutural do capitalismo, mas uma mera opção preferida pela finança, mais eficaz e menos sanguinária (na realidade, sangrenta de forma diferente).

O imperialismo e sua necessidade

Tanto DG (a máquina de guerra global) quanto NH (o Império) pensam que o Capital não tinha mais necessidade do imperialismo e de suas guerras destrutivas, relegando-o a formas políticas que o capitalismo teria progressivamente abandonado. No entanto, a realidade da acumulação e do confronto mundial que dela deriva parece ter decidido de outro modo.

Uma simples olhada fenomenológica na guerra na Ucrânia também parece confirmar o ponto de vista meridional de Samir Amin, para o qual a queda do muro de Berlim faz emergir um imperialismo que ele chama de "coletivo". Composto pela tríade EUA-Europa-Japão, liderado pelo primeiro, o imperialismo coletivo gere suas disputas internas tendo em vista a partilha dos rendimentos, enquanto combate guerras sociais implacáveis contra as populações do Norte para espoliá-las do que elas tinham sido forçadas a conceder no curso do século XX, organizando conflitos armados contra as populações do Sul para controlar suas matérias-primas e conseguir mão de obra barata. É esse "imperialismo coletivo" que está envolvido na guerra atual contra imperialismos regionais (a Rússia) e um imperialismo que trabalha para se tornar global (a China). O confronto não será entre Estados como um século atrás, mas entre grandes concentrações de territórios e de poder: o capitalismo coletivo EUA-Europa-Japão, a aliança China-Rússia forçada pela constituição da guerra, o Sul que ainda hesita entre neutralidade e hostilidade aberta ao imperialismo coletivo.

Do ponto de vista teórico, a realidade da globalização parece confirmar a análise de Rosa Luxemburgo produzida no coração da acumulação mundial precedente.

O imperialismo e suas guerras são uma necessidade estrutural porque o capitalismo "tende a se expandir pelo planeta e a destruir todas as outras formas econômicas, não suportando nenhuma delas ao seu lado. E no entanto, ele é ao mesmo tempo *a primeira forma econômica incapaz de subsistir sozinha apenas com a ajuda de seu ambiente*". Para existir e se reproduzir, ele deve necessariamente se apropriar de realidades econômico-políticas não capitalistas, só podendo fazer isso por meio da rapina, do furto, da expropriação, ou seja, de dispositivos extraeconômicos. É essa apropriação extraeconômica que o resguarda da queda da taxa de lucro. A afirmação de Rosa Luxemburgo parece ser contradita pela globalização porque, se a produção se amplia implantando-se em todo o planeta, então não existe mais um fora para ser apropriado e o imperialismo parece, portanto, um anacronismo. Na realidade, enquanto no Sul global impera a rapina através da financeirização e do neocolonialismo "extrativista", no Norte se produz uma "colonização" interna.

Quando o Capital terminou de colonizar o planeta, ele começa a colonizar seu próprio centro, criando as condições do velho Sul que implicam a desvalorização do trabalho, do *Welfare*, das condições de vida do proletariado, forçando o trabalho gratuito ou mal pago de milhares de pessoas, ou seja, fazendo surgir um novo "fora" para se apropriar. O ponto de vista de Luxemburgo sobre o imperialismo é confirmado segundo nove regras (não mais um *fora* pré-capitalista para se apropriar, mas um *fora* criado pelo próprio capitalismo).

A força e a violência dessa *colonização interna* são visíveis na situação dos imperialismos mais poderosos, os Estados Unidos, onde impera uma guerra civil dissimulada que sempre está prestas a se tornar guerra civil aberta. A extração do valor das próprias populações por parte da máquina do Estado-Capital é realizada através de dispositivos econômicos e extraeconômicos, criando as condições do conflito interno (a revolta contra a execução de George Floyd é um protesto contra as condições da *colonização interna* que, depois de ter sido reservada aos negros durante séculos, também foi estendida aos brancos), do novo fascismo (Trump), mas também da guerra entre grandes Estados (Biden).

A economia e a guerra são não apenas as duas faces da mesma acumulação que funcionam juntas, mas a acumulação mundial do Capital que de destruição relativa se transformou em destruição absoluta a partir da primeira guerra mundial.

O capitalismo descrito por Rosa Luxemburgo destruía as realidades externas ao seu domínio para integrá-las, o capitalismo contemporâneo vive, ao contrário, da destruição interno sem conseguir integrar essa destruição a um novo ciclo de acumulação (a impossível *green economy*). A acumulação também destrói as condições biológicas e ambientais da vida nesse planeta, a não ser que não se acredite, como infelizmente faziam os revolucionários, em uma função progressiva do Capital (aqui Lenin): "sabemos que os trustes e o trabalho das mulheres nas fábricas representam o progresso. Não queremos voltar atrás, ao artesanato, ao capitalismo pré-monopolista, ao trabalho das mulheres em casa. Avante, por meio dos trustes, etc., mais adiante, em direção ao socialismo!".

A visão "progressiva" da globalização faz parte dos legados do socialismo que os movimentos feministas e os movimentos dos colonizados contestaram porque, para eles, o Capital nunca foi progressista e sempre se manifestou como fim (deles, da cultura deles). O Capital não fez com que eles tivessem acesso aos "luxos" do trabalho assalariado, mas os condenou à servidão do trabalho gratuito, desvalorizado ou mal pago. Hoje e ontem.

A globalização ou a acumulação capitalista em escala mundial

A gestão de uma paz "aterrorizante" por parte da máquina de guerra e do Império está fundada no pressuposto da subordinação do Estado ao Capital globalizado, apesar de existirem diferenças significativas entre o Império e a máquina de guerra.

Ao contrário de NH, DG não pensam que a axiomática, a máquina de produção de medição, de distribuição do valor, possa prescindir do Estado: "parece que não há necessidade do estado, de dominação jurídica e política separada", mas superar o Estado através do mercado mundial não quer dizer que o Capital possa funcionar sem ele.

Na realidade, o papel do Estado vai muito além da função simples que DG lhe atribuem: "moderação da desterritorialização superior do Capital e mero detentor 'da força e do direito' " da qual o Capital sempre tem necessidade para se afirmar. Não é nem a axiomática de DG, nem o capital globalizado de NH, que podem decidir uma mudança de fase como a da guerra. A máquina global pode solicitar, incitar e induzir à guerra através de seu desarranjo pontual, de seu travamento recorrente (primeiro financeiro, o bloqueio respinga em seguida na economia e na sociedade), mas não é a lei que toma as decisões estratégicas. Aliás, a globalização tinha começado do mesmo modo. Não foi uma máquina capitalista (fordista) impessoal que levou a uma nova globalização, mas subjetividades transversais à empresa, à administração, ao Pentágono e aos partidos políticos americanos que decidiram, sob a direção do Estado, romper com a organização do mercado mundial precedente e jogar a nova globalização, puxada pela finança baseada em sua moeda, contra outros Estados, contra suas moedas e economias. A financeirização é uma guerra global lançada pelo Estado para bloquear o declínio relativo dos EUA, fazendo confluir capitais e recursos na América para manter uma potência militar fora do país e um *way of life* dentro, cujos custos recaem sobre o mundo inteiro.

Ao contrário da maioria dos países, os Estados Unidos produzem menos do que consomem, têm um nível de vida que não é justificado por sua capacidade produtiva, ou seja, vivem acima de seus meios, com o equilíbrio das contas constantemente no passivo. Eles são o país mais endividado. As políticas de crédito/débito foram impostas porque eram as únicas capazes de garantir que sua renda média fosse 6 vezes superior à renda de um chinês, sem que isso corresponda a algo na realidade produtiva dos dois países. É a imposição do dólar como moeda internacional das trocas comerciais que permite ao Fed financiar o *american way of life*, ou seja, o maior desperdício na história da humanidade, encontrando contraentes de dívidas que continuam crescendo.

Nem o dólar nem a dívida são garantidos pela capacidade produtiva, mas pela supremacia militar. O primado do dólar funda o primado dos Estados Unidos, e a força do dólar é garantida pelo primado militar. Aqui não se trata nem sequer de keynesianismo militar, mas de mero abuso armado do resto. Quanto mais bombas caem, mais as populações são trucidadas, mais armas são construídas, mais o valor do dólar permanece alto ou sobe, sendo possível emitir mais dólares em grande quantidade e atrair capitais que são retirados dos países pobres e em vias de desenvolvimento. A enorme difusão das armas no interior do país legitima e participa dessa lógica armada.

A guerra e o armamento são um elemento vital para os Estados Unidos, não apenas para a hegemonia mundial, mas também para conservar o padrão de consumo e de produção. É por isso que seu imperialismo é muito mais perigoso do que o da China, da Rússia ou de qualquer outro país, que ainda não têm os instrumentos militares e financeiros para saquear o mundo dos americanos.

O que há de extraordinário nos governos e na administração americana é que, apesar dessa "taxa" imposta ao mundo inteiro, eles conseguiram desencadear uma guerra civil interna, criando diferenças enormes de renda e patrimônio. O que os torna duplamente perigosos.

Quando algum país do Sul produtor de matérias-primas decide comercializá-las com uma moeda diferente do dólar, os Estados Unidos intervêm imediatamente (vejam o fim de Saddam Hussein e de Gaddafi).

Na realidade, os Estados Unidos são ainda mais perigosos porque as políticas de crédito/débito usadas para encobrir seu declínio estão na origem da crise financeira que foi a antecâmara da guerra.

Os países do Sul têm todas as razões para não apoiar a coalizão Anglo-americana na Ucrânia, o que a Europa também deveria fazer se tivesse um mínimo de capacidade política, porque ela está se suicidando pela segunda vez em um século.

A utopia da autonomia do Capital globalizado e a realidade do imperialismo

DG explicam a origem da autonomia e da hegemonia da máquina de guerra que coincide na prática com o movimento do Capital no mercado mundial, referindo-se ao terceiro livro de O *Capital* de Marx: o Capital não tem limites externos, mas limites intrínsecos devido à sua própria natureza (a propriedade privada, a divisão de classe, o lucro, etc.), limites que ele põe e supera continuamente para recriá-los e superá-los mais uma vez. Esse movimento autônomo e imanente é ainda mais acentuado em NH, que fazem dele o cerne da globalização concebida como duas esferas sobrepostas que percorrem o planeta, uma dizendo respeito às redes de comunicação, de logística, as cadeias de valor, os circuitos da finança, etc., e a outra ao comando, separando mais uma vez, como se fosse possível, potência imanente do Capital e poder transcendental do Estado.

Esse movimento imanente e infinito do Capital é desmentido por toda sua história e, mais uma vez, pela guerra na Ucrânia. O que não quer dizer que ele não seja real, pelo contrário, ele cria uma instabilidade, uma incerteza, uma mudança contínua. Em vez de anunciar seu "colapso", a crise é a própria forma de sua existência que produz continuamente momentos de bloqueio, obstáculos ao seu desenvolvimento.

Ao contrário do que afirmam as páginas do terceiro livro de O *Capital* de Marx que DG parafraseiam, o Capital não é capaz de eliminar nenhum dos obstáculos que ele próprio põe sem que o Estado intervenha em todas as suas crises. Isso é ainda mais evidente na passagem de uma forma de acumulação a outra. O deslocamento dos limites que impedem a "nova" de emergir e a "velha" de morrer não é produzido pela força do capital, mas pela irrupção da guerra entre imperialismos e das guerras civis.

Para passar do Capital do século XIX ao do século XX, foram necessários trinta anos de enormes destruições de todo tipo e gênero (guerras mundiais, guerras civis europeias, guerras civis mundiais, bombas atômicas) com os Estados firmemente no comando da catástrofe. No entanto, a situação ainda não estava pacificada ao final da segunda guerra mundial. A guerra civil que assolava o Sul envolveu os exércitos e os Estados do Norte até os anos 70 (Coreia, Vietnã, Indonésia, Argélia, etc.).

O mesmo pode ser dito da passagem de uma hegemonia imperialista a uma outra teorizada por Giovanni Arrighi. Como a hegemonia americana substituiu a inglesa depois das guerras catastróficas da primeira metade do século, uma eventual hegemonia chinesa só poderá se instalar depois de guerras dentre as quais a da Ucrânia é, talvez, só o início.

Agora nos encontramos numa situação parecida com a da primeira metade do século XX, quando os impérios da Europa central e os Impérios coloniais se trucidavam entre si. O Império e a máquina global, se é que já existiram um dia, são cartas fora do baralho.

A guerra entre imperialismos nos impõe uma relação Estado/Capital totalmente diferente.

A guerra na Ucrânia nos mostra uma realidade que estrutura desde sempre a globalização: estado, guerra e Capital estão estreitamente interligados, mas em máquinas de guerra distintas que se opõem estrategicamente como no início da globalização. Em vez de existir *uma única* máquina de guerra global ou *um* Império, o que existe é uma multiplicidade de máquinas de guerra Estado/Capital (em tensão permanente entre si) que, depois de um período de "cooperação" (a *belle époque*), rompem, fragmentam, dividem a globalização por estarem em concorrência com outras máquinas econômico-políticas dentro de um mercado único. Durante os trinta gloriosos também se produziam rupturas revolucionárias, hoje em dia, apenas imperialistas, operadas por grandes Estados que são algo totalmente diferente de meros meios e partes da grande máquina da globalização. Esta última não produz apenas diferenças de classe, mas também disparidades entre as várias máquinas Estado/Capital ("declínio" dos EUA, crescimento da China e do Sul) que se traduzem num maior ou menor poder/lucro no tabuleiro de xadrez mundial, levando à situação de guerra atual. Muitos companheiros são atacados pela mundialização que eles julgam mais ou menos irreversível. Eu serei um pouco mais atento: num debate no parlamento francês, dois anos antes do início do conflito de 1914, os deputados tinham certeza de que a guerra era impossível dadas as interdependências, considerado o cruzamento denso de trocas econômicas, financeiras e comerciais entre nações que nunca tinham sido integradas de modo tão consistente até então. Nós conhecemos a sequência dessa bela ilusão "liberal" que ainda é aparentemente atraente e contra a qual os revolucionários devem ter lutado pouco antes do início da grande guerra: lá onde há economia não há guerra, o *doux commerce* se afasta das armas.

Do mesmo modo acredita-se na impossibilidade de uma forte concentração de poder, tanto econômico quanto político, diante da multiplicidade e complexidade crescentes dos centros de poder e das redes do valor que atravessam o planeta.

Ao contrário da ideologia da livre concorrência gerida pela impessoalidade do mercado, o neoliberalismo já nasce com uma forte concentração de poder econômico (no início dos anos 70 nos EUA, os monopólios e oligopólios superam de longe aqueles que haviam levado à primeira guerra mundial) e de centralização do poder político do Estado (e em particular em seu poder executivo). Esse duplo processo iniciado no final do século XIX e consolidado e reforçado na primeira guerra mundial, nunca mais será colocado em discussão pelo neoliberalismo, nem o dos anos 30 na Alemanha, nem o dos anos 70. A multiplicidade, a descentralização e a livre concorrência sempre foram uma ilusão por serem apenas o outro lado de uma concentração que foi progressivamente aumentando (com uma grande aceleração em 2008, com um outro limiar superado durante a pandemia) até chegar à guerra em que o poder de concentração atinge seu ápice (militarização da economia, do orçamento do Estado e da comunicação).

Estado e Capital

O problema de fundo não é o retorno do Estado, mas antes de tudo o fato de não ser possível separar o Capital do Estado (não mais os pequenos estadinhos europeus, mas os grandes Estados – China, EUA, Rússia, Índia – cuja soberania é exercida em grandes espaços), porque constituem juntos uma máquina de guerra mas que nunca pode se tornar *Império* ou *uma única máquina de guerra* global, pois está diante de outras máquinas de guerra que, todas armadas até os dentes, organizando a relação capital/Estado de modo diferente, em concorrência entre si, visam a hegemonia mundial.

A China é um exemplo recente e flagrante de como se constrói a relação Capital/Estado. A luta de classes que se desenvolveu durante a revolução cultural (sempre pronta para se converter em guerra civil) é concluída com a vitória dos "reformistas", que lançam o "mercado socialista" confirmando mais uma vez que a luta de classes e/ou a guerra civil precede a produção. O Estado chinês estabelece do início ao fim uma relação dialética com os capitalistas: de acordo com a conjuntura, dá espaço à sua "liberdade" de fazer e de se enriquecer, mas também pode reprimi-los de modo muito severo se metendo no meio do caminho do Estado e do partido comunista (grandes empreendedores favoráveis à introdução de práticas financeiras ocidentais desapareceram ou foram condenados à morte). É o Estado que dita os tempos e os métodos, que privilegia este ou aquele setor, que controla a moeda e a tecnologia.

No entanto, apesar de o papel do Estado (e do trabalho) ser reforçado pela formação marxista dos chineses, o capitalismo é, de qualquer modo, uma máquina bicéfala Capital e Estado, economia e política, *produção e guerra*, que age de modo orquestrado a partir da formação do mercado mundial, embora com tensões e contrastes, porque a lógica do lucro não é idêntica à lógica da potência. O Estado é territorial, o Capital tende continuamente a sair do território, mas ele não pode se globalizar sem o Estado e este último tem necessidade do Capital para viver dentro da globalização. Sem Capital sua soberania é vazia, sem salários e renda, sem trabalho e *welfare*, sua legitimidade é fraca, sua força interna e externa depende da produção.

A integração Capital/Estado se realiza gradualmente, sem nunca se fundir em um todo orgânico, com uma aceleração a partir da primeira guerra mundial. Do casamento entre Estado e Capital celebrado entre 1914 e 1918, depois de um noivado que durou alguns séculos, nasce uma máquina de guerra que reorganiza tanto o Estado quanto o Capital.

O Estado assiste ao processo de modificação da soberania, da independência e da autonomia que ele tinha detido até a revolução francesa. O Estado não pode mais "ser", não pode mais se limitar a frear os movimentos que minam a ordem porque, associado ao Capital que é o contrário do ser, ele é movimento contínuo. Ele próprio tem de se tornar estímulo econômico, científico, político, ator da mudança que ele deve antecipar e produzir. O Capital já não é mais a potência imanente e autônoma descrita por Marx. Não é mais verdadeiro que "no laboratório secreto da produção está escrito: *No admittance except on business*", porque o Estado entra nele de modo prepotente para tentar reprimir a luta de classes que o capitalismo suscitou mas não consegue conter.

Juntos, Estado e Capital induzem crises, catástrofes e guerras. Com certeza é o Estado que leva à guerra, mesmo se eles expressam juntos a identidade entre produção e destruição.

Nos anos 30, Schmitt define esse Estado como Total ou Econômico porque ele "dispõe de um extenso direito do trabalho, de uma fixação dos preços e de uma arbitragem dos poderes públicos, em caso de conflito sobre os salários, através dos quais ele exerce uma influência determinante sobre os salários; ele garante subvenções gigantescas aos diferentes setores da economia; ele é um Estado do bem-estar e da previdência, um Estado fiscal e que gasta". Todos os setores da sociedade estão implicados nesse processo: Schmitt diz que, já em 1928, 53% da renda nacional é controlada pelos poderes públicos. O estado intervém numa matéria que era anteriormente definida como não política e a produção se politiza por ser o lugar privilegiado da luta de classes.

Essa perda relativa de autonomia de ambos os lados é amplamente compensada pela aquisição, por meio de sua integração, de uma força de produção/distribuição inaudita que contém todas as catástrofes que estão por vir.

Nunca houve "fobia do Estado" como crê Foucault, nem da parte dos ordoliberais, nem da parte dos neoliberais. A única fobia que eles tinham juntos é a da "revolta das massas", que com a luta arrancam do Estado conquistas de todo tipo, forçando-o ao compromisso, à negociação, reduzindo-o a um "mercado de gado" e a perder parte de sua soberania política tão indispensável ao Capital se jogada contra a revolução.

O projeto de Schmitt, assim como dos ordoliberais nos anos trinta ("Economia livre, Estado forte" dizia Rüstow em 1932, lembra um texto anterior de Carl Schmitt "Estado forte, economia sã") e dos neoliberais contemporâneos, nunca foi o de um Estado fraco mas de um Estado forte, capaz de neutralizar todas as "demandas" operárias e proletárias que o atacam e de investir, em vez disso, toda sua força e suas funções no desenvolvimento da máquina Estado/Capital.

Rüstow, um dos fundadores do neoliberalismo nos anos 30, anuncia ao seu modo o projeto de uma máquina Estado/Capital integradora de suas diferenças: "um Estado forte no interesse de uma política econômica liberal e uma política econômica no interesse de um Estado forte" – porque as duas exigências se condicionam mutuamente. A integração do estado e do Capital é levada ao seu limite quando os ordoliberais pedem para escrever os princípios da produção do lucro na Constituição (o que foi feito na Europa durante a última crise da dívida).

Essa integração sem identificação produz um "capitalismo político" (mas político ele sempre foi) em que a burocracia administrativa, militar e política não se distingue dos capitalistas, constituindo juntos a subjetivação do poder que "fixa" a posição do "sujeito" coletivo por meio da vontade. Burocratas e capitalistas ocupam funções distintas dentro da mesma máquina político-econômica, constituindo seu ponto de vista subjetivo que instaura e regula a relação entre guerra de conquista e produção, entre violência da colonização e ordenamento democrático, entre organização científica do trabalho(abstrato) e saqueamento das naturezas humanas e não humanas.

Lenin tinha visto de modo justo que é necessário abolir o Estado porque ele é inseparável do capitalismo. A tese é demonstrada pelo próprio fracasso da revolução soviética que, depois da tomada do poder, também reconstruiu o capitalismo ao reconstruir o Estado. O mesmo pode ser dito da China e da função do trabalho nas duas revoluções. Se o Capital é uma relação capital/trabalho, conservar e glorificar um dos dois termos, o trabalho, não destrói a relação mas a reconstrói.

A relação Estado/Capital nos historiadores

A relação Estado/Capital tem uma longa tradição atrás de si. Os historiadores, mais confortáveis na análise da relação Estado/Capital do que os economistas, nos dizem que é ilusório e impossível separar os dois, ou seja, pensar seja na existência autônoma do Estado, seja no Capital como uma força imanente e independente. *Para Fernand Braudel*, "ora o Estado moderno [...] age a seu favor, ora impõe obstáculos aos seus propósitos; às vezes lhe permite expandir-se livremente, mas em outros casos destrói seus recursos [...] Dependendo do seu nível de equilíbrio e de sua força, o Estado é [...] favorável ou hostil ao mundo do dinheiro".

Essa relação nos é descrita por Otto Hintze como uma integração progressiva de ambos, mas que nunca pode alcançar a identificação deles. *A hegemonia de um sobre o outro muda conforme as conjunturas, mas de tal modo que é impossível transformá-los em dois poderes separados ou que se tornam um.*

Numa primeira fase, o desenvolvimento do capitalismo foi favorecido pelo Estado, que viu nele um instrumento indispensável à própria política de potência. Num segundo momento, a relação se transforma até se inverter. O capitalismo fortalecido, que dispõe de um mercado nacional, supera os obstáculos que o Estado lhe impõe, mas sem nunca se separar dele.

As guerras totais da primeira metade do século xx, com a apropriação da economia pela guerra, a enorme destruição causada pelas guerras e pela crise de 1929, o desenvolvimento das políticas sociais na sequência dos conflitos mundiais e da revolução soviética, "reduziram fortemente a atividade anterior e a autonomia do capitalismo", dado que ele se realiza sob o controle e as condições impostas pelos Estados Unidos e União Soviética.

Essa afirmação de Hintze também é válida hoje. De acordo com a ideologia liberal, a partir dos anos 80 o Capital parece se tornar autônomo e ter finalmente reconquistado a "liberdade" que parecia ter perdido durante as guerras totais e a guerra fria, daí a ilusão do Império. Mas isso só é verdadeiro se ignorarmos toda política (formação das classes) da fase inicial do ciclo, mas também da fase de início da *belle époque* neoliberal – pois é o Estado que libera os fluxos financeiros, que aciona políticas fiscais, que reorganiza o mercado de trabalho – e da fase final em que ele recupera sua soberania.

Como em 2008, quando se perfila o colapso "sistêmico", o Capital tem absolutamente necessidade do Estado, tanto como credor de última instância quanto como soberano, capaz de exercer a força, caso necessário, para impor políticas de austeridade: política e economia "estão interligadas entre si de modo indissolúvel [...] ou seja, são apenas dois aspectos ou lados particulares de um mesmo desenvolvimento histórico".

Antes de ser uma instituição econômica, a moeda é uma instituição do Estado.

A afirmação de DG, "a enorme massa monetária sem pátria que circula através dos câmbios e fronteiras, fugindo do controle do Estado, formando uma organização ecumênica de fato supranacional, insensível às decisões dos governos", só é em parte verdadeira. Quando o Estado quis controlar a finança pelo fato de ela ser considerada como uma das causas da catástrofe da primeira metade do século XX, ele fez isso e com sucesso. Mudada a conjuntura político-econômica, é o próprio Estado que, para lançar o neoliberalismo, aprovou leis que permitem aos fluxos financeiros fugir de seu controle. E, de qualquer modo, essa organização financeira supranacional teria simplesmente se dissolvido em 2007 se o Estado não a tivesse salvado às nossas custas.

Talvez seja necessário retornar à afirmação de DG segundo a qual a máquina de guerra se automatiza e se torna autônoma uma primeira vez com o fascismo e em seguida com a guerra fria. A experiência fascista é interessante porque demonstra como Estado e Capital podem funcionar juntos num primeiro momento, produzindo uma máquina de guerra monstruosa que os integra sem identificá-los e, a partir de um certo ponto, serem ambos subordinados a um movimento suicida e autodestrutivo.

A existência da máquina de duas cabeças, poder soberano e poder do Capital, também é confirmada em períodos geralmente considerados como dominados pelo poder exclusivo da soberania.

A máquina de guerra do fascismo só se torna autônoma na última fase, quando vira guerra ampliada, quando corre em direção da autodestruição. Antes disso, o salto no escuro ainda está ligado à potência do Capital, o qual consegue resolver de outro modo algumas contradições explosivas para ele.

O nazismo introduziu e tornou permanente não apenas o Estado de exceção, como parecer crer Agamben, que negligenciou completamente a força e o papel que o capitalismo desenvolveu nesse período da ascensão de Hitler. Junto com o Estado de exceção, com o Estado discricionário, continuou funcionando o que Ernst Fraenkel chama de "Estado normativo", de Estado de direito, segundo sua teoria do "Estado duplo".

Apesar do desejo nazista de privatizar as funções do Estado, delegando-as a agentes e agências não estatais (antecipando assim os projetos neoliberais), a ação do Estado está restrita a um espaço definido, apesar de muito amplo. A ação administrativa é necessária ao "sistema econômico capitalista", cuja prosperidade depende de um ordenamento jurídico que garanta a segurança e previsibilidade a médio e longo prazo. Só uma ordem das leis, uma ordem das normas jurídicas, pode garantir a estabilidade da propriedade, da empresa, dos contratos e da dominação da classe operária.

A sobrevivência do "capitalismo alemão requer um Estado duplo, arbitrário, discricionário, em sua dimensão política e racional, em sua dimensão econômica". O Estado normativo garante a continuidade dos lucros, enquanto que a classe operária é "submetida à intervenção sem limites do Estado policial".

A autonomização progressiva do Estado de exceção nazista é o resultado do risco que os capitalistas assumiram ao apoiar explicitamente a ascensão ao poder dos nazistas. Com a segunda guerra mundial, o Estado de exceção na Alemanha se transformará num movimento suicida e autodestrutivo que rompe tanto com o Estado administrativo quanto com o capitalismo, que ficou durante muito tempo fascinado pelas possibilidades de controle de classe que o fascismo tornava possível. No pós-guerra, ele vai preferir um compromisso/confronto com o stalinismo.

O fascismo é uma das opções de destruição e autodestruição à disposição da máquina Estado-Capital junto com a guerra nuclear entre potências imperialistas, com a extinção ecológica e as guerras civis mais ou menos dissimuladas que já existem (eua) e com aquelas que a militarização da economia não tardará a produzir. Essas opções estão se integrando na guerra na Ucrânia que, como todas as guerras globais, compreende a guerra contra as mulheres, a guerra contra os racializados e contra os trabalhadores.

É impressionante como, mesmo sob a pressão da guerra em escalada contínua, não se retorne criticamente a essas teorias herdadas de 68 (e contemporâneas), que, como se dizia no início, dão ao mesmo tempo um passo para frente e dois para trás.

O ponto de vista de nh é interessante porque tenta resolver o impasse da teoria e da prática com uma escamotagem: transformar a derrota política em vitória ontológica, substituindo a separação real produzida pela guerra (de conquista, civil, entre Estados), pela exploração e pela dominação, por uma separação ontológica inocente. As relações de força estão completamente a seu favor, mas a Multidão acaba sendo "sempre mais autônoma" e independente do que um Capital, pelo contrário, sempre mais parasitário, reduzido a meros comandos. A Multidão *é* a produção, o Capital e o Estado *são* o comando. Toda potência criativa e produtiva está na Multidão, todo poder está no Estado e no Capital. Um "dualismo de poder" que não corresponde a uma relação real de força.

O "trabalho biopolítico demonstra sua autonomia" na capacidade de "organizar redes e formas de cooperação" cada vez mais aptas "a fazer a autogestão da produção". Os operários são obrigados a auto-organizar seu tempo de trabalho porque "a temporalidade em vigor na fábrica – os modos de gestão do tempo, a cronometragem... não encontra mais aplicação".

Mesmo o slogan maoísta "um se divide em dois", que queria expressar a luta de classes e se opor radicalmente ao seu contrário "dois se fundem em um" (esse último slogan saiu vencedor da revolução cultural e está na base do capitalismo chinês), se transformou numa divisão ontológica que pretende ser mais radical do que a divisão de classe, mas que expressa uma impotência política na realidade.

A única *separação em ato é a separação política operada pelo capital*, obtida através do fortalecimento da subordinação econômica, racial e sexual, resultado de uma reviravolta histórica das relações de força, mas que está o levando à catástrofe econômica, bélica e ecológica.

O proletariado nunca foi tão submisso, tão impotente, tão afônico (pelo menos na Europa) diante da luta de classes que a máquina Estado/Capital conduziu nos últimos cinquenta anos, e hoje em dia diante da guerra imperialista. É necessário substituir a divisão ontológica pela divisão de classe porque a autonomia e a independência não estão aí já dadas, pois é preciso, como sempre, conquistá-las com a luta, a organização e a estratégia.

Nas teorias que analisamos, a guerra desaparece ou perde suas dimensões de violência de classe porque todas tentam resolver um problema real. A revolução do século xx, fundada na hegemonia da relação capital/trabalho, foi derrotada. Mas a derrota da classe operária como sujeito político não implica o desaparecimento da luta de classes. O exato oposto é verdadeiro. A luta de classes é travada de modo unilateral porque a máquina Estado/Capital encontra pouca oposição organizada, na realidade, nenhum inimigo.

Dados Internacionais de Catalogação na Publicação (CIP) de acordo com ISBD

L432q   Lazzarato, Maurizio

        O que a guerra da Ucrânia nos ensina / Maurizio Lazzarato.
        - São Paulo : n-1 edições, 2023.
        124 p. ; 14cm x 21cm.

        ISBN: 978-65-81097-42-4
        1. Guerra. 2. Ucrânia. 3. Capitalismo I.Shimabukuro, Felipe. II. Título

2023-274   CDD 320
                                                              CDU 32

Elaborado por Odilio Hilario Moreira Junior - CRB-8/9949

Índice para catálogo sistemático:

1. Ciências políticas 320
2. Ciências Políticas 32

n-1

O livro como imagem do mundo é de toda maneira uma ideia insípida. Na verdade não basta dizer Viva o múltiplo, grito de resto difícil de emitir. Nenhuma habilidade tipográfica, lexical ou mesmo sintática será suficiente para fazê-lo ouvir. É preciso fazer o múltiplo, não acrescentando sempre uma dimensão superior, mas, ao contrário, da maneira mais simples, com força de sobriedade, no nível das dimensões de que se dispõe, sempre n-1 (é somente assim que o uno faz parte do múltiplo, estando sempre subtraído dele). Subtrair o único da multiplicidade a ser constituída; escrever a n-1.

Gilles Deleuze e Félix Guattari

n-1edicoes.org

v. 8d02ff2